谨以此书献给我的恋人

Love Is More Important Than Marriage

周薇 著

中国社会科学出版社

图书在版编目（CIP）数据

恋爱，比婚姻更重要/周薇著.—北京：中国社会科学出版社，2011.2

ISBN 978-7-5004-9395-2

Ⅰ.①恋… Ⅱ.①周… Ⅲ.①恋爱-通俗读物 Ⅳ.①C913.1-49

中国版本图书馆CIP数据核字（2010）第244944号

责任编辑 林玲
责任校对 王俊超
封面设计 郭蕾蕾
技术编辑 戴宽 王超

出版发行 中国社会科学出版社
社 址 北京鼓楼西大街甲158号 邮 编 100720
电 话 010-84029450（邮购）
网 址 http://www.csspw.cn
经 销 新华书店
印 刷 三河市君旺印装厂
版 次 2011年2月第1版 印 次 2011年2月第1次印刷
开 本 880×1230 1/32
印 张 8.5
字 数 191千字
定 价 25.00元

对于大部分男人来说爱情不过是人生旅程的一朵浪花，可是对于大多数女人来说那却是生命之源。被视若生命的或许有一天会被弃若敝履，被弃若敝履的有时候会被视若生命。人生总是充满了离奇的巧合，恰好我写了这本书，恰好你需要知道恋爱的秘密，恰好你停在了这本书面前，正如张爱玲所说，“于千万人之中遇见你所遇见的人，于千万年之中，时间的无涯的荒野里，没有早一步，也没有晚一步，刚巧赶上了”。如是而已，爱情亦如是。

前 言

恋爱，决定你一生的命运

将恋爱与命运联系起来，也许有些女孩子会嗤之以鼻。现在的女孩很讲究独立性，甚至有些还热捧女权主义。可是，如果深入了解女人柔软的内心，我们会发现，女权主义再厉害也抵不过男人片刻的甜言蜜语。

说实在的，女人天生就是感性动物，她们会觉得弱小的动物很可爱，需要照顾和保护，同时又会觉得高大威猛的男人有安全感想要依靠和信赖。如果有一个人能提供一个温暖的港湾，她们往往就会浑然忘我地投身进去，忘记女权主义，只为这个男人洗手做羹汤、素颜生孩子。这就是为什么身处高位的女人那么少，也是为什么身处高位的女人容易有感情问题的原因之一。

时间是检验真理的最佳机器，一时的荣辱并不能代表全部，有些结果需要用一生的时间去等待。

S年轻时也曾貌美如花，在20世纪80年代那个讲究品貌的年代，她被称为当地的一颗落入尘埃也能璀璨的明珠。也许被捧得越高的人越容易摔得更惨，她毕业了、工作了，别人都恋爱了，她却还是只身一人。无关美貌，爱她美丽容颜的男人可以排上好几里；有关性情，没有人告诉她，什么人能爱，什么人不能爱，什么事情可以做，什么事情不可以做。于是恋爱了，分手了，再恋爱，再分手。爱情的不顺在那个年代给了她巨大的压力，到我们长大的时候，她的脸上已经看不到当年明珠的风采，只是一个有些神经质的苍老女人。

而Z的美貌不如S，年轻时的性情其实也不如S。但她却是个很聪明的人，她懂得青春的短暂，也懂得什么样的人才适合自己，她用短暂的青春寻找到真正适合自己的人。得到后大气宽容小心经营，最终爱情的富足让她容光焕发；即使现在五十多岁的年纪，容貌却停留在四十岁左右，精神世界平静而安宁。

年轻女孩从爱看的小说里总结出许多容易误导人的经验，以为小说中的女孩能得到完美的爱情，全是因为她们如小说中描写的那样或者驰骋商场，或者能诗会画，或者是因为白目。同时，天真的女孩又会以为小说中那或温柔、或深情、或狂狷、或腹黑、或可爱、或邪魅的男主就是男人的全部。

天真的女孩既不懂什么才是爱情制胜的法宝，也不懂男人真正的心理，怀揣着对爱情无知而天真的梦想轻易走上恋爱的道路，把自己弄得伤痕累累后才幡然醒悟。可每当明白时，韶华早已逝去，只能空叹息地说一句“早知道……当初就……”——多么残忍，有钱难买早知道。

我有时候不愿意看新闻，因为新闻上不是这里死了人就是那里发生了情变。看多了会感觉这世界完蛋了，不是情杀就是自杀。可是如果我们反过来想，如果这些事情真的很常见的话，新闻还会报道吗？就像老百姓每天朝九晚五吃饭睡觉不会被新闻报道一样，小说作者们同样不会去写谈恋爱的那些小诀窍。

试问你会去看一本如同你幸福快乐的邻居大妈那样普通平凡又琐碎的一生的小说吗？即使是讲平凡小市民的小说也会为了剧情而创造出高潮和危机，那些小说里的大风大浪如同韩国电视剧里的白血病一般，只是推动情节的催化剂而已，并不是人生的真谛。

人的一生是如此漫长，而爱情对于感性的女人来说又是如此重要。男人事业有成时可以寻找几个红颜知己常伴身边，如楚留香那样；而女人，即使强大如一代女皇武则天，最后仍是“去帝号，称则天大圣皇后”。

你会爱上什么样的人，这种事情只有老天才会知道。但是，如果你提前知道你适合什么样的人，你想要今后几十年过上什么样的生活，你明白你的幸福小挎篮里最缺少什么，那么当爱情来临时，你就不会像一个手足无措的小女生那样被命运耍得团团转。

做自己命运的主人，这需要你先明白你究竟想要什么样的命运。

目 录

爱情预备役

一 准备好，才能赢得漂亮

二　怎样遇到你，在我最美丽的时候

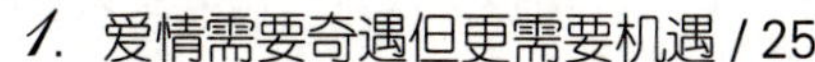

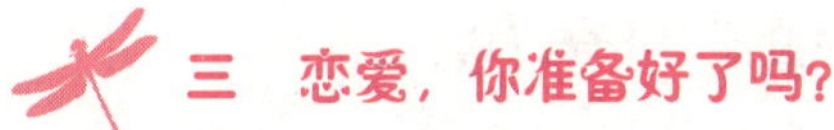

三　恋爱，你准备好了吗？

四　学会保护自己

Chapter 2

爱在当下

五 爱情诺曼底

六 爱情扫雷

七 “小三”时代，我们应该捍卫还是放弃

Chapter 3

幸福等候

八　失去他，你并未失去全世界

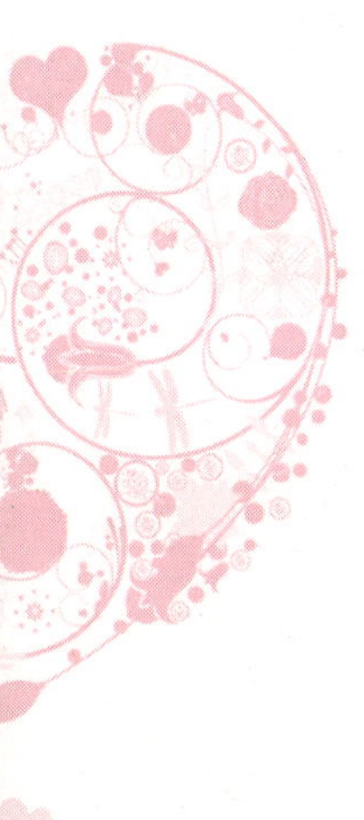

九　爱情的转角

十 婚礼进行曲

Chapter 1

爱情预备役

一　准备好，才能赢得漂亮

1．想要幸福，先要读懂自己

人们往往会形容生活不好的女人这是个苦命的女人，但说起男人最多只会说这是个歹势的男人。

由此可以看出，对男人来说，运势最重要；而对女人来说，命运最重要。

女人也许是荷尔蒙的原因，多愁善感又很细心。有一次同朋友争论为什么远古时期母系氏族大行其道？朋友的论点是女性做采集的工作，而男性做狩猎的工作，采集能让人吃得很好，而狩猎却不行。因此经济地位决定社会地位，男性在当时就处于劣势。我不同意，我认为采集又不需要技术，男性为了有社会地位也可以去采集。

为此我们争论不下，于是各自去问自己的父亲，面对同样的境况会如何选择。想不到两位父亲的答案竟然惊人的相似。他们说："当然狩猎了，采集太麻烦！"

可见女人与男人的思维往往天差地别。男人就是男人，女人就是女人。女人再怎么往男人看齐，她也始终都是女人。即使时下许多女子以中性为时尚，外表上她们剪着男人的头发，穿着男人的衣服，抽着男人的烟；行为上她们不甘人后努力拼搏，在任其实恋爱就是这样的一种博弈，除去最初几个月荷尔蒙分泌带来的激情，余下的都需要男人和女人用牺牲和包容去磨合和适应彼此。不明白的人总把自己撞得头破血流还要怪爱情欺人太甚；只有真正明白的人才能得到幸福的爱情。

何场所力求与男子平分秋色。她们用男人的标准要求自己，用男人的行为和服装武装自己，把自己当成男人一样去拼命。可这外象包裹下的却仍然是女人那颗柔软的内心，她们会爱惜自己的容貌，会怜悯自己的悲哀，会感伤自己的身世。她们也绝不会因为学习男性的行为举止就能把这些情感从心中去除。

我认识一个女强人，工作上她是当之无愧的强者，年轻时曾拿过无数奖项，现在也是行业内数一数二的风云人物。年轻时，她曾努力地寻找心目中温润如玉的男子，可每找到一个和想象中相似的，结果不是大男子主义就是没有男子气概，总找不到完全契合的那一个。后来她终于醒悟，原来是自己把位置摆错了。她在单位是领导，她的工作内容是指导和分配；到了家中，她是一个女人，温柔和操持家务才是她的生活内容。用工作时的惯性思维指导生活，听话的男人十之八九没有男子气概，而不听的，就是那大男子主义严重之人。这样，又如何能找到与自己契合的那个人呢？

年轻的女孩，到你30岁时你就会明白，人活一世最重要的不是努力不努力，也不是坚强不坚强，而是贵有自知之明。明白自己的位置在哪里，再大的风雨都能无怨无悔地走下去，最终得到彩虹；可是如果不明白自己的位置，得到彩虹以为是自己天生应得的，来了风雨就认为这不该是自己承受的而想着逃跑，结果风雨是躲过了，彩虹也没了。

就像很多女强人那样，明白了自己是什么样的人，也明白了自己的脾气已经定型不容易更改，便选择了看起来软弱一点的男人做灵魂的伴侣。虽然受传统影响的内心有时不免会有些失落，但想明白自己的位置就释然了。就算不释然又能怎么样呢？除非她把自己变成千依百顺的女人去顺从男人，否则以她的性格找个同样强势的男人只能是争吵不休呀！

其实恋爱就是这样的一种博弈，除去最初几个月荷尔蒙分泌带来的激情，余下的都需要男人和女人用牺牲和包容去磨合和适应彼此。不明白的人总把自己撞得头破血流还要怪爱情欺人太甚；只有真正明白的人才能得到幸福的爱情。

2．过早恋爱小心踩雷

幸福和爱情像守岁时的那一个小小的红包，孩子们美美地守上一夜，第二天上街花掉，欢天喜地地享受着换来的糖葫芦或者爆竹。可是有些孩子运气不太好，大年初一一出门就被别家孩子扔的爆竹惊吓到，守了一夜的红包也被吓得不知丢到哪个角落。有些女孩还未懂什么是真正的爱情时就被爆竹惊得晕头转向，一步错步步错，且来看看爱情中的重型巨“雷”。

13年前，我所熟悉的一所学校出了一则震惊全市的新闻，初三某班有女生因为怀孕被退学。当时这件事在当地闹得沸沸扬扬，出事的女生不得不远遁到亲戚家里。

在13年前，这可谓是件震破天的大新闻。可13年后的今天，少女怀孕、堕胎、学校厕所产子，几乎每隔几个月都会上一回新闻，早孕低龄化已经到了令人发指的地步。每当这时我都会想起那个女孩，想起那个宽大校服下遮遮掩掩的肚子，想起她慌乱无措的眼睛，以及那个还未高中毕业就即将成为父亲的少年。

故事的男女主角相遇的时候，他们才14岁。

14岁，在心理上只是个半大孩子，可在生理上却已经有了成年人的能力，他们疯狂地沉浸在初尝禁果的冲动与激情之中，却并不懂得这样做会有怎么样的后果。

当知道怀孕时，一切都已经晚了。八个月大的胎儿掩藏在女孩宽大的校服之下，虽然因营养不良长得并不大，可是时间已经太晚无法堕胎，女孩不得不辍学在家静养，男孩被开除学籍，之后只得南下务工，年轻且成绩优异的他们顿时失去了学业和前途。

校园里的恋爱通常既青涩又甜蜜，课桌下悄悄传递的纸条，夜半无人处的轻声呢喃，假日漫漫中的一通相思的电话……其实许多人都有过这种经历，不论是暗恋也好明恋也好；可是，偏偏他们的结局却是异常惨烈。

这件事过去三年后，两人抱着孩子办了结婚酒宴，五年后，两人因性格不合以分手收场。第六年两人复又和好，第七年再度分手刺激了男孩，男孩最终选择与她同归于尽。这件事又再次成为当地轰动一时的新闻。

纠缠一生的两人到最后也没达到法定的结婚年龄，却剩下双方父母白发人送黑发人，再加上一个懵懵懂懂的六岁孩子，以及无尽的仇恨与怨责。而这一切悲剧的根源都是因为早恋。

14岁，外貌已经像个大人，思想上也认为自己长大了。可是对于人生、爱情与事业的关系只有流于表面的肤浅印象，并没有深刻认识；既不知道今后的数十年需要怎样去度过，也不懂得如何规划和经营自己的人生。常常在当时自以为爱得感天动地，多年之后再回头看时却觉得荒唐无比，恨不得把那段抹个干净。

那么，应该什么时候谈恋爱呢？

从心理角度来说，18岁以后才适合恋爱。首先考上大学，学业没有以前繁重，有多余的时间发展爱情，同时也不会耽误学业；其次过了18岁后，人的行为方式都会固定下来，性格喜好也不会轻易改变，这时选择一个恋爱对象，失误、看走眼的几率比从前要大大降低。

从生理角度来说，也是18岁以后适合恋爱。18岁后第二性征基本发育完毕，此时无论男人女人都已成长为成年人。

另外需要注意的是，恋爱也不宜过晚。按现在的教育制度，不算上跳级，大学毕业时最小也是22岁，初入社会的毕业生正处于事业开拓期，压力巨大，没时间和精力发展感情；如果在这之前有一段稳定的感情，度过事业开拓期后，就可以顺理成章修成正果。就算是毕业就分手，那至少也在恋爱中学会了包容和恋爱的技巧，为将来的爱情之旅铺平道路。

如果在进入社会前没有过感情经历，事业开拓期后，青春的光彩一去不复返，影响人恋爱的情感荷尔蒙将呈直线下降趋势。加上独自一人已经习惯，还能为另一个人迁就忍让吗？骄傲的自尊没有冲动的爱情掩护将让你一败涂地。

所谓，“有花堪折直须折，莫待无花空折枝。”在不该爱的时候记得守好自己的心门，在可以恋爱的时候就勇敢地爱吧，还有什么能比“我还年轻”更理直气壮的呢？

3．父母婚姻不幸福，还能相信爱情吗?

七年前认识原颖的时候，她才26岁，正是风华正茂的年纪，齐眉的刘海紧紧地包裹着她巴掌大的小脸，淡粉的唇角轻轻向上弯着，像是随时都准备微笑。工作闲余，她最爱坐在休息间的玻璃窗旁看楼下的车来车往，往往这时指尖还夹着一支纤长的细烟，狭长的凤眼慵懒地半睁半闭，烟雾缭绕中美得不像真人。

七年前，我觉得那样的姿势颇有遗世独立的傲然，很是向往。七年后，看到她同样的姿势、同样的神情，我忽然觉得她其实一直很寂寞。七年说长不长，说短一点也不短，这足够完成一个女人从公主到母亲的角色蜕变。可原颖却依然是孤身一人。

谈起她自己的单身问题，是在一次深夜河边，买醉之后。微醺的夏夜暖风里，一向温柔矜持的原颖突然爬上河边的护栏，一下子把我的酒吓醒了。我死命地拽着她，她朝我淡淡地笑道："你不用拉我，我只是发泄一下，我不会跳的。"

那夜的印象太过深刻，以至于到现在我还清晰地记得，原颖朝我微笑时夹杂在眉间的那抹忧伤是如何的叫人心碎。她说："小薇，其实我活着，就是一个失败。"

原颖生长在一个破裂的家庭，从小母亲就看不起好吃懒做的父亲，争吵声不绝于耳，原颖常常是捂着弟弟的耳朵躲在被子里，听着外面的争吵声慢慢入眠。13岁时父母离婚，母亲一人带着原颖和弟弟艰苦度日。懂事的原颖从这年开始勤工俭学。

"小薇，你知道吗？"原颖说这句话时语音已经哽咽，"其实我根本就不应该来到这个世界的。”

我说：“你别这么说，没有你，我可少了许多快乐呀！”

原颖直摇头，跟我说了一个凄美又荒唐的故事。

那年春天，万物复苏，春暖花开。原颖不期而然地在这春意盎然的时刻遇到了最让她心动的男人。他不是很英俊，但气势很足，用原颖的话说是个“很有安全感的男人”。男人也表现出对原颖的好感，时常约她外出参加各种活动。事实上，这时原颖已经动心了。

之后的发展都很顺利，互相见家长，准备结婚用品。本来应该是一段美满姻缘，可惜最终变成有缘无分，事情的转机发生在订婚后一个月。

那天原颖醒来看到地上扔的一只脏袜子，突然之间情绪就失控了。原颖尖声指责他的懒惰、他的不好整洁……长达数小时的控诉，一直从脏袜子数落到婚后可能发生的婚外情。直到后来男人甩门出去，原颖才冷静下来。

看到被自己一手毁掉的家，原颖欲哭无泪。之后男人原谅了原颖，想要复合，原颖却一门心思地断了来往。问她是为什么，原颖很茫然地看着我，眼神虚空得没有焦点，半晌她才道：“从相识以来，一直一直，我都觉得心里压着个什么。虽然我很喜欢他，但不知为什么，我却总觉得他身上有种让我很抗拒的东西。那件事情，事后我想，总觉得只是一个借口。事实上，婚事越近，我就越觉得恐慌。”

“你恐慌什么呢？”

“也许就是恐慌婚姻本身吧！每当他对我甜言蜜语的时候我

就会想到，将来有一天那张嘴里会吐出多么恶毒的字眼。每当他温柔地给我盖被子时，我又会想到，将来这只手会不会一巴掌打向我的脸……”

从原颖的话里可以看出来，父母的不幸带给孩子的影响并不会因为时间的久远而消失减淡。往事像是刻在脑海里的程序，当遇到某件事、某句话就突然跳了出来，干扰当事人正常的生活与心理。

这算是一个比较极端的例子。其实大部分家庭不幸的孩子长大后不会都像原颖这样反应激烈，但多少都会带有原生家庭对自己的影响。或者不自信，或者敏感，或者孤僻，或者偏激，等等，不一而足，而最相似的是，从不幸家庭里走出来的孩子普遍都会对爱情持以怀疑的态度。

曾经因为相爱才结合的男女，最终因为感情不和而分离，这无疑是对爱情最大的讽刺，想让从这种家庭出来的孩子天真浪漫地相信“执子之手，与子偕老”，多半也是不现实的事情。

如果不小心爱上了这样的人，会比爱上幸福家庭里出来的孩子辛苦很多。他们需要你多点的耐心、多点的等候，多点的妥协和关爱。当然，并不是没有离婚的家庭就一定是幸福家庭；也并不是破裂家庭里的孩子就一定会有问题。

如果你正是在这样家庭出生的人，有着同样的焦虑和烦恼，那便要正视自己的缺点，努力改正它。至少，不要让它影响自己做出正确的判断。

不要说这是天性，不可能做到。说这样的话的人只是过于懒惰，不愿意尝试和为难自己而已。心理医生曾经对一个顽固病人进行治疗，他用了10年的时间才逐渐地消磨掉原生家庭对病人的不利影响，他说，再不会有这样费劲的病人了。因此，只要能正视自己的缺点并坚持改正，就没什么不可能。

如果你并不想与这样的人恋爱，就要记得在深爱之前了解他的原生家庭，他父母的相处模式就可能是你们今后相处模式的范例。

4. 原生家庭对恋爱的影响

原生家庭是指孩子从出生到长大成人前一直生活的家庭，一般就是指父母的家。父母对孩子的影响相当深远，特别在恋爱这方面，包括性格、脾气、处事方法、思维逻辑、价值观取向，等等。

其实孩子最开始是在父母身上学习人与人之间、男人与女人之间的相处方法。比如，母亲比较强势的家庭出生的孩子，长大后女孩会很强势，而男孩则会习惯对女性谦让。相反，如果是父亲比较强势的家庭出生的孩子，女孩一般比较温柔，男孩则容易有大男子主义。

除此之外，原生家庭对孩子的影响不仅仅是在观念上，还有生活习惯、情绪管理、处事应变等各方面。在恋爱方面来说，情绪管理是很重要的一环。

情绪管理高手，不高兴的时候也可以表现得得体、随和，让人如沐春风；而情绪管理的低能儿则随时随地可能不高兴，不高兴就会强烈地表现出来，甚至还会有“我不高兴我也要让你不高

兴”的念头。与情绪管理低能儿相处是很辛苦的事情，如果找这样一个人做爱人，那更是苦不堪言。

卫倩最近很烦恼，她在考虑究竟要不要和男朋友钱涛分手。

钱涛不知道从什么时候开始忽然变得情绪相当暴躁，每天一回家就拉着个脸，动不动就指责卫倩这也没做好那也没做好，常常为了一点小事大发雷霆。

卫倩觉得很委屈，明明两人都要上班，可家务全都自己干不说，还要时不时地被指责谩骂。卫倩开始只以为钱涛是因为工作不顺利所以心情不好，于是能让的时候尽量让着哄着。可时间一长，卫倩觉得钱涛只是把自己当成了一个免费的任劳任怨的保姆。

心理不平衡是个可怕的催化剂，卫倩开始只是委屈得想哭，后来干脆离家出走。而钱涛丝毫不认为自己的行为对卫倩造成了伤害，反而怀疑卫倩是在外面有人了。

钱涛就属于情绪管理有问题的人。

在原生家庭中，父母的毛病孩子是最容易学会的。比如钱涛的父亲就情绪暴躁，经常在家发脾气。钱涛生长在那样的家庭里，既没有在父母那里学到有用的化解坏情绪的方法，也没有找出适合自己的发泄途径。最终形成了有了坏情绪通通发泄到与自己最亲近的女朋友卫倩身上的习惯。

好在朋友点醒了钱涛，钱涛终于明白这样对卫倩毫无顾忌地发泄是不对的。自己有意识地克制加上朋友的引导，钱涛经历了一段时间的练习，终于学会了控制自己。卫倩也最终回到了他的身边。

如果感情莫名其妙地出了问题，我们不妨把眼光放到自己的原生家庭中去看看，也许问题的根源就在那里。

5. 智慧女人，没有爱情也要有个好心态

前两天电视台采访了这么一件事情：一个正处于职业上升期的年轻白领因感情不顺而跳楼自杀。采访中报道死者父母只有这么一个独生女儿，出事前一年老两口刚高高兴兴地把老家的房子卖了，搬到女儿家中准备安享晚年。谁知不过短短一年时间，女儿便香消玉殒。

说起女儿的死因，老两口直言女婿是间接凶手，因为女儿认为女婿有了婚外情，一时想不开便自杀了。可采访中女婿并不承认出轨，只说是妻子误会自己，而从出事前死者的QQ聊天记录来看他的出轨证据似乎明显不足。但同时死者正是在QQ上与人聊到老公出轨的四个小时后跳楼的，由此可以认定正是因为死者以为老公出轨，然后才会以自杀的手段来结束自己年轻的生命。

之所以提到这个案例，实在是因为本人对此案女主人公表现出来的冲动和脆弱感到既惋惜又寒心。节目采访结束时，失去唯一女儿的老两口黯然地坐在窗边，落寞地望着远处的天空，他们孤独萧索的身影叫人从心底里觉得无比的苍凉。不知他们的女儿在为老公痛苦心碎的时候是否有想过父母的养育之恩，是否有想过白发人送黑发人的凄凉，是否有想过没有自己，父母的后半辈子应该怎么度过？我相信她一定没有想过，若想过必然不会做出这样的事情。

就在去年，我身边朋友的朋友也因感情问题跳楼自杀了。那女孩我只见过一面，安安静静，面容温柔，一看就是个随时需要人保护的柔弱“小白兔”。当她遭遇感情危机时她选择了从楼顶一跃而下。

得知女孩去世的消息，朋友痛苦非常，因为这是她第一次经历身边人的离去。普通朋友尚且痛彻心扉，女孩的父母亲人又该是怎样一番景象？

事后听说，女孩出事的那天，她的母亲当场晕倒，父亲一夜白发。第二天女孩的亲朋好友在悲伤愤怒之中，冲进负心男人和小三的家里把东西全给砸了。可这又能怎么样？这能挽回女孩年轻的生命吗？这能安抚失去她的朋友的悲痛吗？这能填满她父母事后几十年时间的空寂吗？

女孩的音容笑貌已经永远地停留在25岁，身后的一切她既看不到，也听不到，如果她还有魂灵，我想问问，这样的结果，她满意吗？自杀究竟给自己、给亲人带来了什么？亲者痛仇者快就是你想看到的结局吗？

人生这么漫长，亲人、朋友、同事……那么多真心实意却不懂珍惜，多少人挣扎在温饱线下还能快乐生活，而有的人却因为一点点感情挫折便轻易地结束自己的生命，这既是对父母犯下的罪，也是对生命和对爱情的亵渎。

与此相反，大多数女人对待感情就要理智许多。同样经历丈夫出轨的痛苦，有人选择用自己的优势打败小三，赢回爱情，有人则高调离婚，重新寻找幸福生活。无论是哪种方式，最终，大家还是活着，还有幸福的可能。逝去的人却被自己的选择永远地钉在痛苦耻辱的十字架上，再不可能有翻案的那天。

聪明的你，应该懂得如何选择。

6. 女孩，性的原罪

在我们这个国家，曾经有过一段相当长的时期，传统礼教对女孩有着各种各样的要求，除了“三从四德”还要求纯洁无瑕，纯洁无瑕甚至是用处女膜来体现的。随着新世纪的开启，西方文化滚滚而来，在中西文化的大碰撞下，同居、一夜情、试婚、早恋，一波又一波地冲击着古老中国脆弱的神经。让父母焦虑紧张的除了男孩子的作奸犯科，就是女孩子的恋爱同居。

现在的婚恋观念与古时候已经有所不同。在古代，女孩子不论是自愿或是不自愿失了身，那将一辈子都抬不起头来做人。但现在，婚前试婚、同居已经成为常态，先怀孕再结婚也比比皆是，人们看似已经接受了新时代的新观念，事实上是否如此呢？

如果有喜欢论坛的朋友，大概都知道现在网上有一拨网民，他们既不关心时事政治，也不关心文娱新闻，他们长年累月地泡在网上大骂世风日下，大骂女人的婚前性行为，攻击女性的婚前同居是对后来丈夫的不忠。如果这一切真的是事实，骂一骂无可厚非。可问题是，难道是女人自己一个人发生的同居、婚前性行为吗？难道这一切不都是男人主导、参与的吗？甚至还有所谓的“学者”不顾男女体力、荷尔蒙的差别，硬要给女性也安一个“强奸”罪，实在是荒唐至极。

看到这里，你是不是想起被骂为妖妃的妲己？是不是想起只想看看乡村野火却担上亡国罪名的村姑褒姒？是的，那些自以为站在道德制高点上的男人们不批判男人的劣根性，不批判那些不应该伸向未婚女性的手，也不批判婚后还出轨的男人，将之无所谓地称为“每一个男人都会犯的错误”；反而怪罪荷尔蒙并不旺盛，没有强烈性需求，对爱情的憧憬完全建立在精神柏拉图之上的年轻女人不应该失身。同时这些男性一边在网上骂着女人们不要脸、不守妇道，一边又紧锣密鼓地向兄弟讨教怎么样才能最快速地脱掉自己女朋友的衣裳，到这时他不会骂女朋友不要脸，也不会骂女朋友不守妇道，因为这一切都满足了他的需要。

这是怎样的不平等待遇？这又是怎样的双重标准？

可恨的是有一些，并且是很大部分的一些女性，从内心里真的认同这种观点，不论感情好不好，不论对方是不是值得，都不愿意离开自己的第一个男人，直到把自己毁掉。同时最让人崩溃的是这样的女人失身并不是自己主观主动的，反而多数是被动被迫的。

上帝说亚当和夏娃偷吃了禁果，所以要成为凡人，性是人类的原罪。但到了中国这片土地，性不是人类的原罪，而成为女人的原罪。被君王宠爱，就是红颜祸水，是祸国殃民；而挣脱礼教束缚，勇敢地与相爱的人在一起，就是堕落就是罪过，活该得不到幸福。

好吧，我说这么多，其实并不是要你这么想。性本身是人类繁衍的动力，是人一代代传下去的根本，是自然赋予所有物种的权利，与人权一样是人人生而拥有的，不论男人，还是女人。

婚姻是家庭的基础是爱的归宿，但并不一定是性的起点。爱一个人，与爱的人在一起，这是最自然不过的事情。如果你爱的人同样把你当成是精神的伴侣，那么他不会在意你的身体是否完美？如果他过分在意你身体的完美，那么，他究竟是爱你的人还是爱着你的身体？

最后，借香港作家亦舒《玫瑰的故事》里话来结束这段并不太愉快的文字。“她高傲地说：‘我有什么事要你原谅的？我有什么对你不起，要你原谅？每个人都有过去，这过去也是我的一部分，如果你觉得不满——太不幸了，你大可以另觅淑女，可是我为什么要你原谅我？你的思想混乱得很——女朋友不是处女身，要经过你伟大的谅解才能继续做人，女朋友结过婚，也得让你开庭审判过——你以为你是谁？你未免把自己看得太重要太庞大了！’”

不论你是抱着非婚不性的原则，还是能接受有爱则居的妥协，只有从骨子里不认为同居是女人的耻辱，同时自尊、自立、自爱、自强，才是一个女人直起脊梁傲立于人世间的根本。

7．天长地久PK曾经拥有

20世纪90年代，有两条手表广告曾风行一时，并被一本小说记载了下来。第一条广告词是“一旦拥有别无所求”，第二条是“不在乎天长地久，只在乎曾经拥有”。在当年流行的青春小说《花季雨季》中，刘夏拿着两款手表的广告问她老爸：“一块是‘一旦拥有别无所求’的飞亚达表，一块是‘不在乎天长地久，只在乎曾经拥有’的铁达时表，你会选择哪一块？”老爸回答她：“你是愿意一辈子戴一块别无所求的飞亚达表还是想曾经拥有一块又一块的铁达时表呢？”

同样的问题，不同的人或许会有不同的答案。有人看到老爷爷拉着老奶奶的手在河边散步，便希望自己也能有这样一份温柔的天长地久的守候；有人看到痴男怨女因为分手而痛哭流涕，于是坚定曾经拥有就好，不强求，不勉强。

其实我真不知道应该选一个什么样的例子来诠释这两种截然不同的观点。天长地久固然是一个美好的愿望，但若外因或内因导致不能长相厮守，那么我们可以对自己说，曾经拥有就好了。

若抱着曾经拥有的观念，竟然邂逅天长地久的感情，那么，恭喜你，你运气真好。

说到这里，我不由失笑。虽然开篇时隐隐有些同意刘夏老爸的选择，一辈子戴一块别无所求的飞亚达，哪有曾经拥有一块又一块的铁达时好？但感情毕竟不等同于手表，一番话下来，我竟然认为能遇到“天长地久”的感情方才是幸运之事。不幸的人只能退而求其次地挂出“曾经拥有”的旗帜。

那么，你是如何选择的呢？

8．幸福是什么

清晨，北京四合院的门打开，王菲——那个电视前精灵般的女子惺忪着双眼、趿着拖鞋、蓬头垢面地提着夜壶出门倒夜香。舞台上的光鲜动人，事业成功、理想实现的激动难耐，给心爱之人倒夜香的现实无奈，通通综合成那个她——王菲。可谁敢说那时的王菲不是幸福的？

中午，退休老工人林大妈匆匆从牌桌上下来，回家洗米做饭，把香喷喷的饭菜端上桌时，儿媳妇正在给调皮的孙子洗手，老伴坐在桌前看午间新闻，顺便还喝口小酒，儿子刚刚走进家门，孙子欢快地扑了上去。林大妈看着热热闹闹的一家人，幸福地笑了。

傍晚，南方某都市灯红酒绿五光十色的夜生活才刚刚开始，普通白领梦影早早将儿子收拾干净哄睡着，然后给丈夫和自己各倒一杯暖茶。夫妻俩各忙各的工作，虽然没有言语交流，但只要感觉到屋里有另一个人的味道便深深地觉得幸福。

深夜，《生命中不能承受之轻》的主人公托马斯在黑夜中醒来，听着枕边人静谧绵长的呼吸声，侧头看着她被月光勾勒得清晰分明的面部线条，他觉得自己幸福极了。

还有一些人，每当他们事业取得成功时，得到一笔意外之财时，努力得到认可时，职业升迁、申请获得通过甚至饿得饥肠辘辘终于吃上一口热饭时，他们都觉得自己幸福极了。

幸福是什么？幸福就是上面的每一个片段。那么不幸是什么呢？

不幸就是吃着碗里的看着锅里的，却又吃不着锅里的；不幸就是家财万贯时追求感情洁癖；不幸就是感情美满时抱怨生活艰难；不幸就是对拥有的东西视而不见，对不是自己的东西抱以觊觎。不幸就是对生活不满足。

适度不满足可以是生活进步的阶梯，可若过了头，也可能是生活的刽子手。

一直觉得幸福不幸福属于唯心论的范畴。你认为自己是快乐的，你就会快乐，你认为自己是痛苦的，你就会痛苦。甚至只要你认定自己的手受伤了，你若集中注意力想象手受了伤，那你的手真的可能感觉到疼痛。

相反，在不幸的逆境里，你若相信自己是幸福的，那你便会觉得无比快乐。

幸福其实并不是什么具体的东西，它就是人心中的一杆秤。痛苦沉下去，幸福浮起来；幸福沉下去，痛苦浮起来。

既要有创造幸福的能力，又要有接受不幸考验的勇气，幸福其实就在你我的手里。

9. 女人的责任

从什么时候适合恋爱，到恋爱后究竟要不要同居；从遇到爱情挫折就放弃自己，到讨论幸福是什么，其实都是在说一个态度问题。有句话说得好——态度决定一切。悲观的人看到的世界都是灰色的，乐观的人看到的世界都是彩色的。那么在你的眼里，世界是什么颜色的呢?

结婚前的女人都是豌豆上的公主，娇嫩的肌肤受不得哪怕是最微小的创伤，她们注定要被众星捧月，光辉万丈，然后在青春逝去前低下高昂的头颅看向伏在石榴裙下的臣子们，从中挑选最好的那个做自己的丈夫。而女人一旦结婚，这一切就都变了。

因此，结婚前的岁月对女人至关重要。和什么样的人谈恋爱，和谁结婚，这在某种程度上决定着你的后半生是幸福地微笑还是痛苦地哭泣。而更重要的是，你要明白你的责任是什么。

女人不像男人从小就被社会和家庭赋予奋斗上进的责任。“儿子穷养，女儿富养”的观念根深蒂固，女人似乎只要在男人的羽翼下快乐无忧就好了，事情真的是这样吗？

对于许多恋爱中的女人来说，恋爱指数如果为一百分，智商就为零，往往感情遇到挫折后表现出来的所作所为幼稚得没有任何技术含量可言，并且在后来的岁月中每一提及都会后悔莫及。可在当时却做得理直气壮，为他生，为他死，为他魂牵梦萦睡不着觉，结果却换来恋人的厌恶和抛弃。

如果只是厌恶和抛弃也就罢了；可怕的是男人要分手，女人自贬身价上去求他，或者大吵大闹发誓要他好看，更甚者以或者自杀或者杀他为要挟。殊不知亦舒早就说过：“当一个男人不再爱一个女人，她哭闹是错，静默也是错，活着呼吸是错，死了还是错。”

小梦就是这样的女孩。小梦的男友要和她分手时，她简直觉得自己的世界通通都被毁了。她不知道今后没有了男友，自己一个人要怎么过下去，怎么面对亲人朋友的目光，怎么一个人生活。这些她从来都没有想象过。甚至在与男友最开始在一起的时候，她还下定决心无论如何一定要和这个男人一辈子在一起。谁知一切美景如昨日繁花，瞬间就迎来了残酷的冬天。

男友干脆地把她一把推开，毫不犹豫地揽了新人入怀。小梦先是抱着最后一点希望上门与他吵、与他闹，撒泼耍赖就是不与他分手。这样如泼妇般的做派当然不可能挽回男友一去不复返的情意，甚至她还发现那些口口声声同情自己、支持自己的朋友、同事背地里竟然在嘲笑自己出丑和丢脸。咽不下这口气的小梦选择了用硫酸泼向情敌的脸。

相比这种极端的方式，另一个聪明女孩王瑞云的方法颇值得借鉴。

王瑞云遭遇情变时既没有哭闹，也没有和男友争吵。她不想让自己沦为别人的笑柄。

她先是小心求证男友真实的想法，通过观察确认男友虽然身体还未出轨，但精神已经与自己背离。应该怎么做呢？王瑞云当然也可以像小梦一样一哭二闹三上吊，但她没有。经过痛苦的思想斗争，她决定干脆地分手。

分手的那天，王瑞云特意把自己好好地打扮了一番，精致的眼妆，淡扫的腮红，配上妖娆性感的黑裙。王瑞云把最美的自己呈现在男友面前，要让他永远记得，他曾错失一个美好的女子。

花心的男人总是这样，霸着这个，又舍不得那个。看到王瑞云的美，男友又想起她从前的好来，犹犹豫豫，话里话外都是不舍。王瑞云强忍伤心的眼泪，决绝地提出分手，波光滟滟含情带怨的眼眸、委屈又恰到好处的控诉让男友深感愧疚，冲动之下男友还把两人合买的贵重物品无条件送给她，当作对她的补偿。

这次分手分得很漂亮。王瑞云利用对前男友的了解，既把自己光彩照人的形象永远留在了前男友的心底，又为自己争得了应有的利益。虽然失去那段曾经投入全部热情的恋爱让人伤感，但比起枕边永远睡个有异心的男人来说，这点就不算什么了。

分手之后王瑞云一个人出门旅游散心，旅途上遇到一个成熟稳重的男人，两人相识不过数日竟然有种相见恨晚的感觉。旅行结束时两人互留电话，三年后终于修成正果，至今仍幸福地生活在一起。

人生果然诡异难测，每一步都看似巧合却又像是必然的结果。命运的手翻云覆雨，不会厚此也不会薄彼。如果不是王瑞云理智地对待前男友的出轨，她必然不会拥有现在幸福安宁的生活。而小梦因为不理智的决定断送了自己的未来。因此，理智地对待自己就是女人的责任。

女人在男人面前可以是菟丝花，也可以是紫萝草；但说到底，自己才是自己的主宰。女人可以信赖他，但绝不能依赖他，女人的责任就是把开在他身上的花朵种在自己身上。

二　怎样遇到你，在我最美丽的时候

1．爱情需要奇遇但更需要机遇

姑娘们往往憧憬这样的爱情：公主被巫婆禁锢在城堡里，王子为那素未谋面的传说中美丽可怜的公主披荆斩棘排除万难来到城堡，打败或许是喷火龙或许是恶毒后母的大BOSS，找到公主，吻醒她，从此公主和王子过上了幸福的生活。

童话之所以成为经典，是因为他们完美地契合了人们对爱情的经典憧憬：阴谋、悬疑、奉献、爱以及勇气。

事实上这样充满奇遇的爱情在生活中是非常稀少的。大多数女孩像古时站在绣楼上等待把绣球抛出去的小姐一般，看着这个也不好，那个也勉强，都有这样或那样的毛病让人不满意，那理想中的人儿总也等不来，故事中的光辉男主角更是连影也没有。姑娘们在等待中渐渐荒废了年华，逝去了青春，临到成了孤家寡人的剩女时，方才匆匆忙忙地找个顺眼的男人赶紧嫁掉，至于嫁得好不好，那就需要用今后半生的时光来验证了。

青春苦短韶华易逝，女人应该怎样做才能找到属于自己的那份浪漫情缘呢？

有两个女孩A和X，是很要好的朋友。她们同年出生，一起求学，从年龄、学历到外貌，两人都难分伯仲。X是农村出身，上有年迈父母，下有求学的弟妹，自己刚刚走入社会就面临巨大的经济压力。这样的家庭背景造成了X的早熟和懂事，她对人生和未来不会有不切实际的幻想。而A出生在城市，家庭条件优越，没有什么烦恼，这样的环境造就了A天真单纯的性格，对待爱情也是浪漫至上。

人生伊始，上天给了A和X不同的基础，因此尽管两人是好朋友，最后也终将走上不同的道路。

A天真烂漫，毕业后在父亲的帮助下进入一家国企工作。由于职业的原因，A接触的多是女性或已婚男性，很少有机会认识年轻男子。老员工都对A很热情，她刚到工作岗位，他们就忙着给漂亮的A张罗亲事。可信奉浪漫爱情的A对相亲完全不感冒。她认为，真正的爱情应该是上天的赐予，应该是自然而然发生的事情，不应该是这样人为去促成的。于是她日日守在自己那鲜有年轻男子光临的一亩三分田里做着偶遇王子的天真美梦。

X从出生那天起就清楚地知道自己肩负着的是长女的责任，上要为父母分忧，下要照顾弟妹，如果没有机遇，她将像父母一样一生做着面朝黄土背朝天的农民。X想改变自己的命运，于是她做了两件事，第一件事是努力学习考上大学，第二件事是找个优秀男人把自己嫁了。

X的目标很直接，人品好有事业的男人就是优秀男人。为此X甚至还作了一篇相当详尽的分析报告。其中，她将优秀的男人分了类，什么类的男人喜欢什么样的女人，他们之间的共同点是什么，分歧又是什么。此外，优秀的男人通常喜欢去哪些场所，在这些场所与优秀男人发生爱情的几率有多高，哪种场所更容易发生恋情……不一而足。

X根据上述分析，努力向优秀男人喜欢的女人类型靠拢，毕业一年后，X从精神到面貌焕然一新，连最熟悉她的A也对她刮目相看。

然后X做了一件看起来和A一模一样的事情——守株待兔。但与A不同的是，X守的可是经她调查后确认会有很多兔子前赴后继撞上来的那棵树。A的守就真的只是守，普普通通地站在那儿等而已，不知道自己究竟要找一个什么样的人，获得一份什么样的爱情，一切任凭天意做主。而X虽然是守，但目的性比A强很多。她确定自己要找一个责任感强、有一定经济基础的男人，于是尽自己所能朝这种男人喜欢的方向去打扮包装自己，同时又经常出入这种男人出没的场所等待机会，于是机遇便顺理成章地砸到了X的头上。

一番兜兜转转，X历经波折、排除万难终于嫁了个理想的金龟婿，而A天意遇到的那个人却与想象中的相差甚远，A心中不免有些失落。

女孩的心中都有一个童话梦，但现实告诉我们，梦就是梦，现实中没有几个能成为被开了金手指的幸运儿。被动等待合适甚至优秀的爱情主动上门，除了RP爆棚的人，基本是没有希望的。你想啊，优秀的人大家都想要，你若被动等待，就会被主动的人刷下来，于是原本就算有机会的都会被抢走。

如果真的有奇遇自然是难得且值得珍惜的事情，但若没有奇遇，不妨自己制造一点机遇，那也是无可厚非的。最怕没有奇遇也不制造机遇，却不小心碰上一场遭遇，那就太闹心了。

2．爱情不能让钱走开

其实现在像X一样的女生还有很多。特别是已经进入社会的女人，经历了社会的洗礼，她们谈论男人时，话题从以前外貌的英俊与否、成绩的好坏，慢慢地转移到有没有钱、工作如何上来。这样究竟对不对呢？

这样的转变恰恰标志着女人从幼稚感性到成熟理性的转变。X就是一个很好的代表。其实从前的X并不像现在这样现实，她也曾浪漫地憧憬过天上砸下来的玫瑰情缘。只不过，那个他与X一样家庭负担很重。两人也曾小心地守护自己珍贵的爱情，最后还是败在了经济的拮据之上。

另一个反面例子是杨。杨的人生一直很顺，从求学到工作，几乎没有什么大的挫折，工作也很不错，因此她对爱情的向往更偏于浪漫。浪漫的杨遇到了更懂浪漫的成。成和杨是网友，两人曾视频过，成戏称杨是“神仙妹妹”。杨长得的确漂亮，但被宠溺地称为“神仙妹妹”，成是头一个。这一点特殊和好感成为了成进入杨心门的钥匙。

与所有的网恋一样，成和杨从网上恋情发展到了网下。相爱的最初两人都很幸福，可随着时间的推移，杨慢慢觉得这日子过得有点不对味了。

成与杨并不在同一个城市，因此他们确定恋爱关系后，成辞去原来的工作来到杨的城市重新发展。起初因为经济不景气，成一直没找到工作，两人都靠杨的工资生活，好在杨的工资还可以，杨又缩减了自己的购物花销，日子还算过得去。半年后成终于找到了工作，杨才松了一口气。

刚找到工作后的成，工资少得可怜，甚至都不到杨的一半。但杨觉得只要两个人感情好，其他的一切都是不重要的，成也就心安理得地过了下去。

之前成没有工作的时候在家里就负责给杨做饭洗衣，杨自认应该做一个贤惠的女朋友，不让成做，两人抢做家务常常闹得很温馨。可成有工作以后却来了个大转变，常常借口工作忙而把家务一股脑地丢给了杨去做，虽然事后成都会抱着杨说两句好听的。但时间长了，矛盾也就来了。每次看到养家的杨在厨房里忙得汗流浃背，成却在房里玩着游戏，杨的朋友都为她抱不平，认为成工资没有杨多，理应多承担一些家务。

这样的话听多了，杨的心思也有些动摇。于是想着法儿地督促成更上进一些，努力工作，多赚些钱回来，这样杨会觉得心理平衡一些。可成对此一点也不感冒，直言现在的生活就很好，不用那么累。这样的对话多了，杨渐渐地觉得对成失望透顶，一边失望，一边却又责备自己太过功利。

爱情是否不应该计较这么多得失？答案肯定是否定的。

通常人们都说感情不能沾钱，无论兄弟情、朋友情、父子母女情，一沾钱就会变了味。但有一种情即使被N多人认为不应该沾钱，最后却都无一例外地不得不沾上了钱，那就是爱情。

爱情本身是纯洁的，但人是吃喝拉撒的动物。要吃要喝要穿衣，哪样跟钱不得沾上关系呢？比如最纯情的爱情小说写的那样，一个女人爱上一个男人，要么爱他的英俊潇洒，要么爱他的事业有成，要么爱他带给自己的安全感，要么就是爱他的谈吐幽默。而一个男人爱上一个女人，要么是爱她的貌美如花，要么是爱她的温柔大方，要么爱她的贤惠勤劳，要么就是爱她的气质高雅。

小说给男女主角的相爱找了这么多的理由，可是通通都是借口。一切都是从利己的功利思想出发的。英俊的男友或美貌的女友能证明自己的魅力；有安全感的男士和温柔的女士符合双方对对方照顾自己的要求；事业有成的男人和贤惠勤劳的女人，同样都能带给自己金钱或物质生活中的好处；幽默或气质，是对方能带给自己愉悦的生活。所以，不要再给自己套上纯情的外衣了，我们相爱的基础就是这么现实这么简单。

因此，像X那样清楚地明白自己需要什么样的人、什么样的生活，然后努力地得到，这才是正确的人生。就算今后有什么不如意，X也会对自己说，这是我自己选择的道路，愿赌就要服输。而将自己交给虚无缥缈的所谓命运或天意，到后来若稍有不如意，就会认为是老天对自己不公，责怪它让自己遇上了这样的爱情。

与其事后怨天尤人，我们不如在事前就想明白自己需要什么样的生活，用正当的方法去获取。然后潇洒地说一声：“得之我幸，不得我命，如此而已！”

3. 同性相斥，异性相吸

这里的同性，指的不是性别，而是性格。人们常以为相同性格的人在一起会更好，因为相同，所以相知相爱。张强和颜敏的性格就颇为相似，都是安静型的人。媒人介绍的时候颜敏觉得这样的男人也不错，和她一样的人才能更懂她。可事实上她错了。

敏喜欢安静地看书，强也喜欢；敏不喜欢逛街，强也不喜欢。他们都不喜欢交际应酬，也不喜欢热闹，同时，他们还都不喜欢说话。恋爱的两人常常坐在一起十几个小时可以不说一句话。

开始两人都觉得这样的交往很安静很符合自己的需求，可是时间长了，敏渐渐觉得没有想象中爱情的味道。两人就像结婚数十年的老夫老妻一般，即使坐在一处也没什么交流沟通，这样的相处叫人倍感无力和尴尬。敏决定和强分开一段时间看看。

另一对情侣几乎在同时也遇到了同样的烦恼。

俊和玉分开来都是各自亲戚朋友中的活宝，可凑一起就有些格格不入的味道。俊每每要说个笑话，还没开说玉就抢话题。玉次次要去自己想去的地方旅游，俊又有自己的目的地要坚持。两人都是开朗又霸道的人，谁也不肯听谁的，谁都想主宰对方。最后两人也只能决定冷静冷静，分开一段时间看看。

于是，在这样的情况下，俊和敏相遇了。因为一个工程，俊与敏所在公司进行合作，敏就是那个代表公司负责与俊沟通的人。

俊见惯了玉外露的张扬，初遇敏时对她的那种安静颇有些不习惯。敏见惯了强那种安静的模样，俊这样霸道的男人对她来说充满了危险气息，她恨不得躲得远远的。

即使第一印象两个人都有些不对路，却不影响两人慢慢发现自己与对方的契合点。

工程的进展发生了一点不大不小的意外，在敏的公司看来这不过是个小插曲，不需要在意；而在刘俊的公司看来这就是件大得不得了的事情。俊如热锅上的蚂蚁，急得团团转，敏只能说抱歉，什么忙也帮不上。俊气得口不择言地把敏骂了一顿。本来是高层忙没时间见俊，敏却不得不替高层受罪挨骂，她委屈得直想哭。但她又清楚俊是为工程着想才会这样，于是忍了委屈，好言好语地安抚俊。

发了一通脾气的俊冷静了许多，见敏不仅不像玉那样与自己针锋相对，反而还安慰自己，他汗颜不已。于是工程结束后单独约了敏出来赔罪。

这样一来二往，两人竟然就慢慢看对眼了。相处之后更是觉得这才是适合自己的那个人。敏的安静刚好包容了俊的霸道，敏的温柔又很好地安抚了俊的冲动；俊的热情给敏带去温暖，俊的开朗很好地开解了敏因分手而失落的心。就像是长相奇特的脚刚好遇到了适合自己的鞋，用相见恨晚形容一点都不为过。

人们最开始可能容易被与自己相同性格的人吸引，但相处后自己有的优点对方也有，显不出自己好来，自己有的缺点对方也有，相处时更是因为相像而要么太过乏味，要么针锋相对。

相反，与自己性格不同的人，也许自己优秀的正是对方缺少的，对方优秀的也可能正好是自己缺少的，互补互偿，相生相息，就像两半各有缺失的灵魂终于找到正好能容纳自己的另一半。

4．决定你的目标

“去年今日此门中，人面桃花相映红；人面不知何处去，桃花依旧笑春风。”

女人的青春就像诗中的桃花一般，灿烂过后就只有凋零。在这有限的时间里，如何谈一场让人满意的恋爱呢？

曼生活在单亲家庭，父母还没有离婚时每日不停地争吵打闹，让曼深觉婚姻没意思极了。于是幼小的她就下定决心，将来若不能找到一个愿意事事顺着自己、宠着自己的男人，那还不如不要结婚。

后来父母离婚、再结婚，曼的生活一直处在颠沛流离之中，直到毕业工作。工作后曼遇到了晓。

和所有初恋的女孩一般，曼疯狂地爱着晓，爱他的高大帅气，爱他的知识渊博，也爱他迷人的眼眸；可惜晓的脾气和曼一样执拗。

因为家庭的影响，曼说话做事常常带有一股攻击性，晓受不了这一点，每次都爱撩拨曼的脾气，每次撩拨完就是一场大吵。曼无数次地想到分手，但每每又舍不得。难道自己这一生就要这样过去吗？走和父母一模一样的道路吗？

压垮曼的最后一根稻草来自父母突如其来的争吵。两个已经离婚的老人，一日突然在大街上狭路相逢，已经不记得是谁挑起的争端，最后吵得不可开交、颜面尽失。曼知道后除了痛苦难堪之外就是心寒，她再也不要回忆那一段不堪回首的记忆，也不允许自己再重复那样的怪圈。

其实曼对自己有着清醒的认识。她知道她和晓的问题并不全是晓造成的，至少有一半是因为自己脾气不好，说话带有攻击性，她愿意努力改正。但是，因为这是十多年吵闹的家庭生活带给自己的，而且自己已经成年，对这改正的结果和需要的时间都无法估量，如果还生活在针锋相对的环境里，显然是不利于改正的。

如此，曼痛定思痛，终于下定决心和晓提出分手。

晓其实很爱曼，他脾气也不是很好，他也在努力克制，但终究还是没能战胜自己的脾气。分手后两人都很痛苦，但还是理智地接受了这个结果。

离开晓以后，曼过了一段食不知味的日子，直到两年后遇到明。明确实是个很温柔很和气的男人，不论下属犯了多严重的错，明都不会大声责骂，而是悄无声息地将不值得挽留的员工开除，而值得挽留的员工他会亲自辅导直到对方做得令他满意为止。在明的身上，曼看到了温柔、执著、慎重和难以言明的成熟味道。她觉得这样的男人真是世间极品，若能一起生活必然会很和谐。

曼除了对自己有清醒的认识外，对选择爱人，同样也有清醒的认识。她知道自己的缺点是那么突出和明显，所以她不会刻意隐瞒掩藏，在恋爱中更是如此。她就是要告诉对方，自己是这么差劲，你可以随时选择离去。这是一种看似潇洒，实则相当自卑和消极的做法。但是也有好处，明觉得这个女人很率真，而他不喜欢心思太重的女孩。

如此，两个目标明确的人经过爱情荷尔蒙的鼓动，又经过理智的分析，深深觉得对方是适合自己的那个人，最后终于迈出了从友谊升华为爱情的脚步。

牵手之后，两人还是偶有争吵，一方面由于曼的刻意调整，另一方面由于明天然的好脾气，两人虽然一直吵，但也吵得很愉快。曼终于寻找到了属于自己的幸福人生。

就像曼一样，想要在芸芸众生之中迅速发现那个适合你的人，首先，要知道什么才是适合你的。如果目标不明确，你很可能不是错过最合适的，就是错把不合适的当成了合适的。虽然恋爱关系中需要双方的忍让和妥协，但是如果恋爱的基础就是错的，那么再相爱也有反目成仇的那天。

所以，决定你的目标吧。你要过高品质的生活，就不要假惺惺地寻找纯洁的爱情；如果你想要纯洁的爱情，就不要在意他有没有车有没有房；如果你想要一个保姆型的男友，就不要找事业太成功的，成功男人不可能每天把心思花在女人身上；如果你想要一个成功男友，就不要太计较他没有时间陪你逛街。如果你既想要A又想要B，那么最后不是你委曲求全，就是鸡飞蛋打一场空。

如果你不是很介意多几次失败的感情经历，上面的话大可不必相信。如果你只想谈一次天长地久的恋爱，那就听我的，在恋爱前就决定好自己的目标。后悔是生活最大的刽子手。

5. 如何从面相上分辨好男人

古语说“知人知面不知心”，意思是指认识一个人容易，但要了解一个人的内心却很困难。但往往女孩并不能用几年甚至几十年时间去考验一个人是不是好男人，冒冒然将心交出去，万一所托非人又如何是好呢？

相面是中国传统的方术之一，主要通过对人脸部的观察得出性格特点的辨别方法。一般商人们都喜欢利用这种方法来辨别自己的合作伙伴是否诚实。这里小薇从古籍中寻出一些浅显的相面方法，有助于女孩们识别好男人，挑出坏男人。

眉

眉毛或眉尾散的人通常在感情上都不太清楚自己想要的是什么。如果一个人不清楚目标是什么，就容易患得患失。这样的人自然不是谈恋爱的好对象。

眼睛

眼睛是心灵的窗口，自然也是面相中相当重要的部分。

（1）三白眼、四白眼

三白眼就是瞳仁比较靠上或靠下，眼白比眼珠多。四白眼就是瞳仁上下都不靠，这样的眼睛很少见。

有三白眼、四白眼的男人通常为达目的会不择手段，这样的人会轻易牺牲身边的朋友亲人的利益，自然不是良婿之选。

（2）眼神

如果一个人看你的时候，你觉得他的眼睛像没睡醒一般，这样的人就是眼中无神。相反，如果你觉得此人眼睛炯炯有神，那就是眼中有神。通常眼中有神的男人做事容易成功。

不过眼神过露也不是好事，眼神过露的人非常容易因为风头太胜而起争端。所以眼神讲究一个藏字，要有神，但神要藏住了，不轻易表露出来。这样的人就是再有本事也会谦虚谨慎，上得人赏识，下不让人嫉妒，功成名就是迟早的事情。要学会看人眼神可是需要长时间的观察和揣摩的。

（3）眼尾有纹

眼尾有纹的人通常犯桃花。一般人到三四十岁时开始有鱼尾纹，此时也是出轨概率最大的时候。

印堂

印堂在两眉之间。两眉间距太窄，代表此人心胸狭窄；间距宽过两指，代表此人心智不全。

鼻子

鼻头又叫准头，此处丰隆代表此男工作不错、收入不错。不过一个地方长得好并不代表此人就真的好，面相要结合起来看，也要结合命理看。在此，相面术只是提供给大家一个参考的意见，不可深信不疑哦！

另外，找男人不可找正面看不到鼻孔的男人，这样的男人就是守财奴，再有钱也不舍得分一分一毫给别人，包括自己的妻子。

而鼻孔全露的男人也算不上好，这样的男人对钱没有概念，做妻子的要很会持家才行。

最好的是鼻孔半露，这样的人会花也会守，收支平衡。

人中

人中是鼻下唇上那个M型的地方。人中深长代表心脏好，还有人说女人此处深长代表能生养。

嘴唇

上嘴唇代表情，下嘴唇代表欲。嘴唇厚的人重情重欲，相反，嘴唇薄的人则薄情寡欲，但嘴唇薄的人一般都能说会道。唇角向下垂的人比较容易孤独终老，同时也会比较容易成就一番事业。

牙齿

牙齿不整齐的人习惯说谎。

下巴

下巴宽厚的男人代表晚年运好，跟着这样的男人自然是有晚福享的。不过人的面相是会随着年龄增长而变化的，年轻时下巴尖削，中年以后有可能慢慢又长宽长厚，这样的后天变化也代表着人的运势的变化。

耳朵

耳朵要从三个方面看。第一看有没有反骨，就是耳朵里有一个骨头比耳廓要突出。这样的人青春期会很叛逆，长大后也比较犟。

第二看上廓有没有高于眉，下廓有没有低于鼻。高于眉者属理想化的人，低于鼻者属很现实的人。

第三看耳垂，一般老人都说耳垂丰厚的人有福，相反，耳垂不厚甚至没有耳垂的人就容易招惹是非。

综上所述，女孩们可以从面相上得到启发，但看面相也只是提供一种观察方法，实际还是要结合现实的人品来综合分析，不可以执著于面相。

6. 有爱就要大声说出来

以前听说过一个小故事。一个男孩，他爱上了同校的女孩。但他不知道应该怎么去告诉她，因为他连人家叫什么名字都不知道。于是一天晚上自习结束后，他骑着单车跟在女孩的身后，一直尾随到她家门前。对，我没有用错词，就是“尾随”。男孩一路都在苦恼应该怎么与女孩搭讪，而女孩一路都在提心吊胆，以为他是坏人。

最后，男孩还是没想好说辞，尾随到女孩家门口目送她上楼，就走了。

第二天，男孩还是没想好，继续尾随。

第三天，……

第四天，……

直到学期末男孩也没想到好办法，男孩对自己说，下个学期，我一定要和她搭讪。谁知，下个学期再开学时女孩却永远地消失了，很久之后他才知道，原来女孩转学了。

以前有首老歌叫《爱你在心口难开》，初入情场的男女往往都这样，爱上他（她），却不知怎么叫他（她）明白。于是有人就写了告白攻略，方法多种多样，我们且来略评一二。

方法1：亲口告诉他（她）。

有人会说了，直接告白会不会太孟浪了？万一被拒绝，面子可不好看。其实直接也有直接的优点，如果对方也是情窦初开的小男生或小女生，亲口告白的方式会给对方无可估量的震撼，也许就此情定终身也不一定呢！但对于情场老手，或对告白已麻木的优质男女来说，这种方法是行不通的。

方法2：写情书。

这个方法用的人很多，但如何写好一封既有真情实感又不肉麻兮兮的情书可是门学问。念书时，我曾有幸帮朋友收过情书，也帮朋友写过情书。就我看过的情书来说，描写方法虽然千奇百怪，但万变不离其宗，就是高、大、全。捧得高，吹得大，没有你我就不齐全，往往叫旁观者鸡皮疙瘩掉一地。当然，当事人如何想就不得而知了。总之本人并不推荐此方法，万一写得不好可就是完全没有希望了。

方法3：通过朋友告诉他（她）。

如果喜欢的那个人与自己有共同的朋友，可以请朋友出面做红娘。朋友恰如其分地给两人提供见面机会，开玩笑般地撮合两人。若看对眼了，便皆大欢喜，若一方不愿意，一不伤面子，二不伤感情。本人强烈推荐此方法。

方法4：做朋友，慢慢靠近他（她）。

没有共同的朋友，便想办法成为他（她）的朋友，随着时间的推移，慢慢融入他（她）的生活，在他（她）身边，你无处不在，让他（她）适应你的存在。于是，某天某时顺水推舟水到渠成。但这样成功的几率并不很高，因为很多人做朋友，做着做着就成了兄弟。万一时间耗掉了，他（她）却爱上了别人，实在得不偿失。

终极绝杀技：投其所好，主动吸引。

女孩如果喜欢他，却又矜持着不想先表白。既要恰到好处的勾引，又不能让人误会品性不佳，使用它需要的情商段数可是非一般的高。如果没把握，请慎用。

7．看懂他的小动作

爱我的人，我不爱；我爱的人，不爱我。人们往往以为求而不得是人生最大的遗憾，殊不知有些人，爱的那个人刚好也爱她，可是，却因种种原因而错过。这种错过才是最大的遗憾。

毕业前的最后一天，晓容恋恋不舍地看了程同最后一眼，登上了回程的汽车。一星期后王晓容收到了程同的信，可她并不愿意拆读，因为在这之前，她刚刚跟程同表白，程同没有表示。晓容以为他是不爱她的，因此她并不想读这封可能会让她颜面扫地的信件。

一年、两年……七年、八年……十年，信件静静地躺在晓容已经忘记的角落里。直到有一天她要出嫁了，收拾行李去新家时，这封从未被拆封的信突然掉了出来。

它还像刚寄来时的样子，洁白的信封、淡蓝的字迹，甚至晓容似乎还能闻到母校常年飘荡的栀子花的芳香。晓容犹豫了很久，终于鼓起勇气将它拆开，信上静静地躺着五个字：“晓容，我爱你。”

那一晚，晓容痛哭失声，终于明白了之前想不明白的种种。读书时程同有意无意的靠近，毕业后程同三番两次莫名其妙的电话。她也明白了自己的荒唐——只因没拆一封信便错过了最美好的爱情。

若要深究，拆信只是表面上的原因。晓容内心深处的自卑以及因自卑而更加敏感的自傲才是这一切的真正诱因。可我们的一生中难免不会犯这种错、犯这种傻，为了避免发生同样的事情，我们不妨从别人的经验中总结出一种方法，不听语言，只从细节着手，看明白那个人，他是不是也对你同样抱有爱意。

与晓容相反，丽娜是个开朗自信的阳光女孩。当初应聘时，她第一眼就看上了给自己面试的人事部主考官璋凯。对方是部门主管，自己只是刚踏出校门的毕业生而已，尽管条件有些差距，但丽娜不自卑也不气馁。如愿进入公司后，她常常制造机会与璋凯相遇相谈。璋凯是个很内向的人，少言寡语。丽娜找他，他不拒绝，也不主动；丽娜消失，他像没事人一样不担心，不关心。时间一长，丽娜再开朗再自信也不由得犯嘀咕，难道自己真的没有魅力把他吸引住吗?

好在丽娜够耐心也够细心，一次不经意间丽娜发现璋凯与自己谈话时右手会经常不自觉地反复摩挲桌角，在心理学上这间接表明他的内心正在紧张和焦虑。是什么原因让泰山崩于前而不变色的璋凯紧张焦虑？丽娜大胆猜测是因为璋凯已经对自己有兴趣了。之后丽娜细心观察，又发现有许多不仔细几乎观察不到的细节间接地支持了这一观点。

确定后，丽娜毫不犹豫地直接向璋凯表白。表白那天的情形很有喜剧效果，后来多少年丽娜都拿这个把柄笑话璋凯。当时璋凯听到丽娜表白时既不是惊喜也不是惊恐，他竟然到处找纸巾擦额头的汗。堂堂人事部主管，面试时常常把职场新人问得哑口无言直冒虚汗的人面对心仪姑娘的表白，竟然紧张得不知道应该说什么。

因为丽娜胆大心细，不自卑不自傲，方才能于细微处发现真情，并没有因为璋凯的内向而错过这段感情。若一方情感表达有障碍，就需要另一方更加善解人意方能成就好姻缘。

如果你的他也是内向不善言谈，或因种种原因不能直接表白，那你不妨也向丽娜学习。

你是不是总觉得他在看你，看过去时他却在看别的地方？你是不是觉得他对你特别好，可是又觉得他对所有人都一样好？你是不是每次找机会和他搭话，他都会很耐心地和你说？他是不是会经常不经意地和你聊到他的过去？他是不是经常出现在你的周围，不论有没有事？

以上，只要有一条，那就是个值得你追求的男生。如果全都有，那不用怀疑，他对你是有兴趣的。

同样的事情，每个人都会有不同的表现，但只要我们足够细心就能找到爱的迹象。

8．恋爱未满，请潇洒离开

恋爱有时候就像炒股票，需要的是眼光和运气。眼光好运气好，低位买入高位卖出，眼看着股价节节攀升，最后赚个盆满钵满；而有时眼光错了位，运气开了小差，不小心高位买了支垃圾股，那不好意思，即使再心疼那投入的钱，你也得干干脆脆果断放手，省得最后血本无归，欲哭无泪。

琪琪就遇到了这样的一个冤家。琪琪是个长相稍嫌普通的女孩，她第一次见到晓彦就被他高大英俊的外表迷上了，她以为这一见钟情就是上天传达给她的旨意——他就是与自己三生有幸的那个人，同时她相信晓彦也收到了同样的旨意。于是她大着胆子向晓彦进行了有生以来的第一次告白。告白的那天琪琪特意化了妆，穿上最美的裙子。在黄昏的路灯下，羞涩的琪琪将自己最美的一面完全展现在晓彦的面前。可是晓彦是那种表面纯良内里乖张的性子，面对娇羞的琪琪，他冷声嘲讽她自不量力，转身又把此事传得到处都是。琪琪满心希望化成失望，再听到那些不堪的流言飞语，心冷冷地跌到了谷底。

晓彦虽然看不上琪琪，但觉得有个无怨无悔的追随者跟在身边也是件很有面子的事情。因此，晓彦一边跟着众人嘲讽琪琪，一边又和琪琪眉来眼去，并且同时与好几个女性保持着暧昧关系。

琪琪的性子是很温和的，温和的女生通常都很容易委曲求全。她不是不知道晓彦在外面的所作所为，朋友们也常常会为她心疼，为她不值，可这一切始终都抵不过来自晓彦的诱惑。

喜欢拈花惹草的晓彦像一阵风一样流连花丛，片叶不沾身。如此蹉跎数年，身边的朋友恋爱的恋爱，结婚的结婚，琪琪老大不小却始终没有看透晓彦的心。

一次又一次的伤心失望之后，琪琪问我："小薇，我究竟应恋爱有时候就像炒股票，需要的是眼光和运气。眼光好运气好，低位买入高位卖出，眼看着股价节节攀升，最后赚个盆满钵满；眼光错了位，运气开了小差，不小心高位买了支垃圾股，那不好意思，即使再心疼那投入的钱，你也得干干脆脆果断放手，省得最后血本无归，欲哭无泪。

该怎么办？”

“还能怎么办？”我说，“离开他，找个爱你的男人，谈恋爱，结婚。就这么简单。”

“可是，我都为他付出了这么多时间和感情，他对我也越来越好了，也许他明天就动心，想娶我了呢？真要放弃我不甘心啊！”

我摇头直叹气，劝道：“爱情就像炒股票一样，绩优股就是绩优股，垃圾股就是垃圾股，即使绩优股也有变绿，垃圾股也有变红的那天，但他们的本质摆在那里，是不可能改变的。晓彦的本质就是垃圾股。他具有一切坏男人的基本素质，连这点你都看不清，却枉自浪费了这么多年的青春，直到现在都抱着不切实际的幻想。你觉得这只是‘不甘心’的问题吗？”

琪琪沉默，我继续道：“最开始，你选择他，只是他的外貌吸引了你而已。你没有去了解他的品性就做出了告白的举动，这是你的第一错。要知道，爱情对女人远比对男人的冲击力要强大，说女人为情而生一点也不为过。你如此轻易地付出了自己的感情，在明白了他的品性之后还抱有企图把他改变成自己希望的模样，这又是错上加错。改变不了他就委屈自己变成他需要的模样，没错，改变自己适应对方是恋爱中最伟大的付出。但是这样做的前提是他确实爱你。如果房子的根基是坏的，那建再高的楼，最终都是要倒塌的。你愿意被这楼砸死吗？”

琪琪犹犹豫豫半天，又问：“我和他在一起这么多年，我的每一步都有他的印迹，他都已经刻进了我的骨头里，分手后我忘不掉他怎么办？”

“你的一生还有这么长，你愿意用青春赌一个完全无望的未来，还是愿意选择50%幸福的机会？”

后来琪琪终于下定决心提出了分手。琪琪经过一年的努力，终于摆脱晓彦的阴影重新找到了适合自己的幸福。

爱情就是一场用青春做筹码的豪赌，赌赢了金光万丈，赌输了倾家荡产。愿意赌就要能服输，输了不过从头再来而已。赢不了又输不起，那会让你一而再、再而三地把底线放低，最后不仅输了青春还输了尊严，没有尊严那就不能称之为爱情，此时的你不过是爱情的奴隶而已。

9．勇敢爱

雯婷的故事简直就是一部浪漫的韩剧，漫长而虐心。

雯婷认识思宇时，刚上高中。沉重的学业，师长的期望，两颗悸动的青春之心将爱意悄悄地埋在了心底。高中毕业那年的夏天，雯婷终于鼓起勇气向思宇告白。

两人上了同一个城市的大学。四年时光一晃而过，刚刚毕业思宇却决绝地提出分手。雯婷一直不明白为什么处得好好的两人会分手，他们既是老同学又是老乡，不存在地域问题，也不存在第三者插足，雯婷想不明白。

想不明白就不想。雯婷刚毕业，就业压力空前巨大。白天挤人才市场晚上家教，每天拖着疲惫的身子回到出租屋，根本没时间伤心和思考。等她站稳脚跟后才发现居然打听不到思宇的消息。

问遍所有的同学朋友，得到的都是一句话：“好久没见他啦，你们怎么了？”

我们怎么了？雯婷自嘲地笑笑：“我也不知道啊！”

一年春节，雯婷趁着放年假回了一趟老家，并亲自去拜访了思宇的家。那些年老家的建设特别快，拆老城建新城比比皆是，思宇家所在的地方已经拆迁变成了一座商场。他从她的世界里彻底消失了。

万般无奈之下，雯婷回到了打拼的城市，但她无论如何也不甘心。每当午夜梦回，想到梦中思宇决绝的样子，雯婷都想问，他究竟是为什么要和我分手呢？

要死也要死个清楚明白，雯婷就是这样一个执著又固执的女孩。其实，另外还有个原因，他们在一起的时候，思宇对雯婷好得一点错处也寻不着，这样一个深情又温良的好恋人，怎么可能说变就变？这一切都给了雯婷执著等下去的理由。

皇天不负有心人。历经三载，在茫茫数百万众的人海中，雯婷竟然又遇到了思宇。当她看到那一抹脑海中挥之不去的熟悉身影时，她扔下朋友，扔下冰冷高贵的高跟鞋，赤着一双脚以最快的速度冲过人行横道，冲到了思宇面前。那个曾经阳光帅气的小伙子此时脸色苍白，脸颊瘦削，一双眼睛因为脸的瘦削而显得特别大而明亮。

“思宇！”只两个字，雯婷就泪如雨下，什么也说不出来。

思宇看着赤着脚追来的雯婷，看着她红扑扑的健康的脸上挂着晶莹的泪珠，心中感慨万千，最终也只是拍了拍昔日恋人的肩，同样什么也说不出来。

久别重逢，雯婷终于问出闷在心中数年的问题。思宇沉默半晌才告诉雯婷自己得了绝症。这样类似于韩国电视剧情节的对话居然发生在自己身上，雯婷不知该说什么，但她很快就明白了思宇的意思，他是不想拖累她。即使这病能治好，估计思宇家也被拖垮了，不可能给雯婷一个稳定的幸福无忧的未来。

面对这样的问题雯婷也很犹豫，她已经不是刚出校门时那个单纯得像张白纸的小姑娘。数年的社会打拼，让她深深地明白经济与爱情间存在多么密切的依存关系，这样一个病重得随时可能离去的人，确实不是自己理想的爱人。

好在思宇当年提出分手，让两人有了三年的缓冲时间。雯婷知道思宇的住址后，像老同学那样时常去看看他，陪他做检查，陪他说说话。现在思宇是和母亲住在一起，老家的房子拆迁，得的大笔钱全用在思宇的治疗上。思宇的父亲为了给思宇治病仍在老家打拼。

时间像护城河的水一样缓慢又坚决地向东流去，光阴如梭而过。思宇的病渐渐地好了起来，这消息无疑给了雯婷莫大的鼓舞。这些年，思宇和雯婷像老朋友、老同学那般来往，思宇也一直鼓励雯婷再重新开始一段恋情。但不知是真的没碰到合适的，还是潜意识里舍不得思宇，雯婷接触的几个男性，包括相亲的对象，竟然没有一个能让雯婷动心的。

现在思宇的病由恶性转为良性，眼看着离健康只有一步之遥；他通过父亲朋友的帮助也开始工作赚钱自立更生了。所有的阴霾都将过去，是不是还可以再续前缘呢?

要不怎么说雯婷的故事就像一出韩国电视剧，老天好像特别不愿意看到雯婷快乐幸福似的，她出车祸了。

那天是思宇的生日，雯婷从百里之外出差的城市急急忙忙往回赶，当时下雨路滑，雯婷坐的那辆车赶上了高速路连环相撞，撞上前一辆，后一辆又撞上来，连番的相撞将事态扩大，周边的救护车全部出动也来不及救这么多的伤员。

血糊满了雯婷的脸，她迷糊地睁开眼睛，看着身边一片狼藉，下身卡在了车里，时间一分一秒过去，雯婷几乎以为自己就要交待在这里。那时，她突然明白了多年前思宇对自己说分手时的心情。那样的绝望将对生命的依恋转化为对爱人一生幸福的深切希望和祝福。她在心中一遍遍描摹着思宇的样子，一遍遍，直到她被抬上救护车才放心地沉入睡眠。

上天还是眷顾雯婷的。她从昏睡中醒来时，既没有断脚也没有断手。全身零部件都在该在的地方。只是小腿粉碎性骨折，将来走路会有点跛。思宇因为工作地点离医院近，不顾病还没好全就担负起陪床的重任，雯婷从老家赶来照顾她的妈妈私下都问她，他们是什么关系？雯婷笑而不语。

一年后，雯婷终于用行动打消了思宇对于自身疾病的疑虑，与雯婷结成百年之好。婚礼上知道两人故事的老同学们用影像再现了这场近13年的爱情长跑，每每放到感人处，现场一片泪光莹莹。雯婷甚至哭得泣不成声。如此感人又温馨的婚礼在当地一时传为佳话。

勇敢、真心、爱、不自卑、不骄傲、不纠缠不休、不轻言放弃，女孩，成功只离你一步之遥。

三　恋爱，你准备好了吗？

1．情感虐待

说到虐待，人们通常想到的都是家庭暴力。殊不知有种暴力看不见摸不着却又可以对人产生深重的影响，这就是情感虐待。

第一种，你伤心了难过了，找朋友倾诉，朋友不仅不安慰你，反而说："你这算什么呀？你不知道我才更倒霉更痛苦呢！"然后巴拉巴拉开始向你倒苦水，你不仅得不到情绪释放，还需要安慰她，帮她分析，帮她出主意。可她并不采纳你的建议，只需说过就开心。

面对这样的朋友，你会不会觉得很郁闷？全世界都不痛苦就她最痛苦，全世界都幸福就她最不幸福。于是朋友们再不找她诉苦了，她只能诉说给自己听。

第二种，兴冲冲地去上班，路上碰到一个同事，你热情地跟她打招呼，她不仅不笑，反而狠狠地瞪你一眼。一天的好心情就这样莫名其妙地没了，前思后想半天你也不知究竟是哪里得罪了这位同事。谁知第二天再遇到她，她竟然对你微笑着打招呼，完全没有了头天的阴沉模样。

有这么一种人，自己不快乐，就要尽情地释放出来。不论面对的是亲朋还是好友，熟悉的还是不熟悉的，通通要你们感受到他的痛苦与烦恼。

第三种，一个CASE遇到了点小麻烦，本来自己可以解决，但同事很热心地要帮忙。不好拂人意，于是由她帮助你完成了这桩CASE。请客吃饭加感谢，同事志得意满地离去，你以为就此结束，却不知陷入了人情债的海洋。同事每每在公司聚会之时都会大谈特谈这件事，每次你都摆出感谢万分的姿态让她志得意满，下次她仍不罢休，依然会将此事提出来，让你疲惫憋屈。

有的人帮助他人是不求回报的，而有的人虽然不求物质上的回报，却寻求精神上的回报，时常把自己对别人的贡献挂在嘴边，以便他人对自己发出赞叹的声音，并从这些声音中找到快感与尊严。

第四种，和女朋友一起去吃饭，问她吃什么。女朋友扭扭捏捏地说随你点好了，傻小子就真的点了全是自己喜欢吃的。女朋友温柔的笑脸瞬间冷淡，一场精心准备的晚宴不欢而散，而傻小子还不知自己究竟错在哪里。

很多女孩都不喜欢直接说出自己的心意，也难怪男人会说，女人说“不”的时候就是“是”，说“是”的时候还是“是”。女人通常都很害羞，羞于直接说出心意。但往往男人又很粗心，经常猜不到女人心里想什么。其结果就是女人认为男人不爱自己，男人认为女人太麻烦。

其实，如果你某天真遇到一个善于猜你心思的男人，请小心了，他并不一定是真的很懂你，只不过你遇到情场高手了而已。

第五种，男友的嘴非一般的损，对女朋友从头发丝到脚后跟都要进行不留情面的挑剔，常常挑剔得女友痛哭失声。看到女友哭，男友无辜地道，“你哭什么？我跟你开玩笑呢！”女友遂喜笑颜开。可没多久男友旧病重犯，女友又哭，男友又说自己是开玩笑。如此数次，女友终于明白，他就是用开玩笑来掩饰损人的实质而已。

第六种，一起去吃饭，下雨，“都怪你，你早点来接我就好了。”天晴，“都是你的错，没有汽车只能骑单车去，晒死了。”

一起去看电影，悲剧，“就是因为你选的悲剧才让我哭得这么难过。”喜剧，“都怪你啦，害我笑得把手机摔了都不知道。”

你突然想上厕所，她正在厕所里，她抱怨，“你怎么老跟我抢厕所？”你在厕所里，她突然想上。还是她抱怨，“你怎么老跟我抢厕所？”

好吧，这种人就是这么想的：“千错万错都是你的错，你永远对不起我。”

看完后，你有何感想？你有这些情感虐待特征吗？如果有就赶紧改吧，你自己都受不了的毛病，如何叫别人承受呢？

2. 性格缺陷＝爱情杀手

人或多或少都会有缺点，没有什么人是完美无缺的。但有些缺点不是缺点，而是缺陷，对于爱情来说，性格缺陷往往都是致命的。

欣心是个美丽的姑娘，可是感情之路却很不顺利。每一个交往的男友追求她时都很积极，而逃跑时则更快。欣心起初并不在意，她总是说，他们都太差劲了，我值得更好的男人。

可是等来等去都没有等到那个更好的男人，她不得不自我反省，究竟是他们犯了错，还是自己犯了错？

欣心跟我抱怨说："第一个男朋友你知道他多差劲吗？他竟然在答应请我吃饭以后去加班！还没有打电话通知我，害我等了他一个多小时。那时我们可是才刚刚认识呀，这样的男人能是好男人吗……"巴拉巴拉地说了半个小时，欣心终于将第一个男朋友从在一起的第一天到最后一天近两年内犯的大大小小的错误通通提出来说了一遍。

"第二个男朋友就更差劲了，居然还有个妹妹。有个妹妹就算了，居然还和妹妹那么亲热，上街都是手挽着手的。这样的男人谁也不会要的，他竟然还敢甩了我……"又是半个小时，将从第一天到最后一天近三年内的大小错处全提出来说了一遍。

"第三个男朋友就不要提了，真是没法说！大夏天的第一次约会光给自己买了水没给我买……"同样事无巨细地将一年多的错全说了一遍。

看到这里你是不是明白了些什么？是的，虽然欣心对所有男朋友一开始就有相当不满意的地方，但是每一个都处了一年以上。而且事无巨细，每个男朋友做的令她不满意的事情她都在心里牢牢地记着，每次吵架时都要拿出来一一要求男友道歉，不管这事是否合理，也不管为这事男友是否已经道过歉。这样的女孩能不叫人逃之夭夭吗？

当我指出这点时，欣心却是不以为然，她说："当然要记着了，不然他欺负就白欺负了吗？”

我无语了，世上哪有一辈子不犯一点错的人？圣人说，知错能改，善莫大焉。可是欣心同学，即使男友改了过、道了歉，下次争吵时仍然一再地拿出来说事。

我见过一个小女孩，每当和哥哥有了争吵的时候，就默默地跑回家守在门口，等哥哥回来的时候，她拿起门口的鞋一只一只朝哥哥扔过去。过去的错误就是小女孩手里的鞋，欣心精心地把男友犯过的错当作鞋保存在自己的记忆里，每当有矛盾的时候就翻出来一只一只扔出去，扔完了再捡回来继续收着，等待下一次矛盾。这样，鞋子越积越多，矛盾也越来越大。

可人是追求快乐的动物。犯了错误，人在道德的束缚下自然会感到羞愧，会要求自己道歉。但当道歉次数超过了底线时，男人就会愤然离去，找个让自己更轻松更快乐的人恋爱不是更好吗？

后来欣心一直单身，每每向人诉苦时必然提起数位前男友的不是，然后大叹命苦运薄，苍天不厚。时日一长，欣心的美貌慢慢凋零，她变成了无依无靠、满脸愁容、逢人便向人诉苦的新时代祥林嫂。

好的身材、好的容貌能助你遇到更美满的姻缘，但好的性格才是经营和守护美满姻缘的基础。好的性格能让恋爱的双方如沐春风般温暖，而坏的性格却只会让两人深陷痛苦的泥潭。

如何才知道自己的性格不好呢？不妨多看看书，多听听他人的意见。虚心接受以往自己不能接受的意见，有原则地改正即可。与人相处之道，贵在舒服二字，既要让自己舒服，也要让对方舒服。不可因为关系的亲密就忘记了这点基本的要求。

3. 菟丝花

有一种菟花，小小的、柔柔的，它没有根不能自己生长，它要活就一定要把自己寄宿在大树的身上，吸取大树的营养才能生存下来。

古时就有诗歌，常常把菟丝花用来比喻依靠男人生活的女人。因为古代是以农业为主，所以女人要依靠力气比较大的男人来生存。现代科技发达，人们不需要出卖苦力也能得到好的生活，女人的地位也有了翻天覆地的变化。但有些女孩从心理上还没有割断对男人的依赖。

宽的女友兰就是这样的女孩。刚认识的时候，宽被兰温柔的气质吸引，他相信这样的女孩一定会是一个贤妻良母。可是随着感情的加深，宽有些吃不消了。

兰从小生活在物质条件比较好的家庭，从来没有为钱发过愁。她每星期上五天班，星期六做美容，星期天练瑜伽，每半年还会有一次长途旅行。她很会享受生活，主要是对花钱的享受。但她不会挣钱，轻松的工作自然没有丰厚的薪水供她享受，以前她主要是靠父母。

宽刚开始被兰的温柔大方所吸引，在一起以后，宽的大男子主义不允许兰还跟家里伸手要钱，于是拍拍胸脯把兰的零用钱都包圆儿，然后宽傻眼了。

宽的收入也算是不错的，但要应付兰的花销就有些勉强了，因为他不是本地人，还准备在本地买套好点的房子供两人居住。为了这个目标兰也开始约束自己。但再怎么约束一个月也要花掉近五千元，宽认命地拼命工作。就这样过了一段相对平静的日子。

时间是消磨人意志的武器，虽然兰心底很想坚持下去，但始终敌不过过去二十多年形成的消费习惯。在小姐妹的怂恿下，她又开始了从前的生活方式。

其实一个人给自己花多少钱都是无可厚非的，但这花的钱要是自己挣来的钱才行。自己挣的钱连花的钱的一半都不够，这就是在压榨别人的血汗了。父母给你，别人没话可说。但你能靠父母到几时？

兰的父母想法很简单，首先他们有这个经济条件，其次他们想着把女儿娇养着将来找个比自己条件更好的就行。谁晓得兰爱上了外地小伙子，家中底子不丰厚，好在能力还可以。父母满意了，兰也花钱花爽了，可宽不满意了。自己辛苦一个月的工资全给兰花光了，买房的钱遥遥无期，这日子可怎么过？

再坚强的大树也有断枝或枯萎的那天，如果你不能用自己的力量站立，就不能避免被抛弃的命运。

4．换个角度看自己

小孩最可贵的地方在于他的内心是一个空杯子，别人往他心里倒什么就装什么。成年人最可贵的是生活给予的经验，经验能帮你提前预测风险，明白事理，但有时也会蒙蔽你的心和眼。

每个人都有生活给予各自的不同的经验，有时就像盲人摸象一般，有的人摸到的是腿，有的人摸到的是鼻子，于是有人说象是圆柱子，有人说象是长管子。可这都不是真正的象。要了解真正的象就要时不时地换个角度去看和总结，才能得出正确答案。

A女，身高165厘米，体重120斤，体态匀称，皮肤润滑。但A女深受广告的影响，总认为自己太胖了，担心男友小C嫌弃自己。于是趁小C出差之际发狠减肥，誓要给三个月后出差归来的小C一个全新的自己。

要说减肥真不是件容易的事，特别是对A这种其实并不很胖又很懒的女生来说，减肥就等同于节食加排毒。A开始勒紧皮带不让自己多吃，或者在网上搜索所谓的偏方秘方，每天吃些大杂烩。肉食永远不沾，汤水永远不碰，还要吃排毒药。好吧，一星期不到，就脱水送医院了。

好不容易休养生息好，A不仅没瘦反而还胖了5斤。A怒了，我就不信我瘦不了！这回A不敢随便吃药和节食，她走进了健身馆。前面说了，A是个很懒的女生，初中考体育，传言不及格不能升学，她愣是只跑了一星期就不跑了，言曰：不及格就不及格吧。更令人哭笑不得的是，全班同学辛苦跑了三个月的晨跑，竟然到了最后一刻，全省取消了体育考试。A成了那个最幸运的人。

别看A曾有这样令人不齿的行径，但这回A发誓了，不成功瘦身，绝不罢休。最开始几天A是很有热情的，运动带来的健康快乐让A感觉很舒畅。凭着一股子冲劲，A冲破了一星期魔咒，发奋的A对着懒惰的A洋洋得意。两星期后，A因为加班没能去健身馆，之后又偶尔去了两次，最终还是懒惰占据上风，A弃械投降没能坚持下去。

再后来又是针灸又是精油，试了好几种瘦身方法，皇天不负有心人，A终于在男友小C回来前瘦下来了。看着大了一圈的裤腰，A得意洋洋。

小C回来的那天下午，A化了妆，兴高采烈地去接机。当小C第一眼看到A时，确实有眼前一亮的表情，A得意极了，一路上两人浓情蜜意恩爱非常。

数天过去，新鲜感消退，小C抱着A忍了又忍终于忍不住叹了口气。

“怎么突然叹气？”A问。

小C听了没回答，捏捏A的肩，又叹了口气。

“到底咋了？工作不顺吗？”

“不是。”

“家里有事？”

“也不是。”

连着猜了数个，小C都摇头说不是。A急了：“有什么事，你倒是直说啊！急死我了。”

“我怕伤你心。”

A心里咯噔一下：“你不是有外遇了吧？要不然怎么这几天一逛街就看别的女人？”

小C怒道：“你把我当什么人了？”

“那你倒是说啊？除了这个，我还想不出有啥能伤我心的。”

小C终于说道：“你现在瘦了，好看是好看，可是……可是你硌死我了。”

“啊？！”

小C见A不解，于是娓娓道来。

原来虽然时下流行“以瘦为美”，但其实在男人眼里，瘦美人只能看看，如果是选女朋友，男人情愿抱堆肉也不愿意抱堆骨头。因为男人不仅仅是视觉动物，还是触觉动物呀！有谁愿意天天和骨头凑做一堆呢？这也是为什么大街上经常能看到帅哥牵着胖MM。

女人总是不懂男人的心理，因此胖的想瘦，健康匀称的想更瘦，结果却是做了无用功。时刻记得把自己换在对方的角度去考虑，不要主观地想当然，许多时候就能少点争吵，多些理解和沟通。不仅工作中要如此，恋爱中更应如此。

5．曼妙身材三十六计

身材总是女孩子想关心又不好问出口的问题。大部分女孩因为遗传、饮食、生活习惯等原因，都会有各种各样关于身材的困扰。以下是本人寻得的关于保养和经营身材的偏方妙方，有些还很管用。大家可以从中找找适合自己的方法。

脸部完美计划

除了后文中美容计划里写的那些美容法宝，女孩们还要注意脸部不要太胖了，如果脸上肉多，身材再好也会给人小胖妞的错觉哦！

瘦脸。千万不要听“吃口香糖能瘦脸”的话，那样会让你的咬肌更加发达，可能更减不下去了。

瘦下巴。抬头，使劲抬头，感觉下巴绷紧了，停5秒再放下，每天做40次，一周有成效。

背部完美计划

背太厚容易让人有虎背熊腰之感，男生无所谓，女生却很苦恼。一般运动很难瘦到后背，这需要坚持。

① 准备两个哑铃，没有哑铃可以用矿泉水代替。站立、双臂自然下垂，握住哑铃上臂向两侧做提东西的动作，把哑铃提到胸部的侧面。每天做40个，同时还能瘦手臂。

② 站立，双臂自然下垂，手心向后握住哑铃，向后抬起。做这个动作时保持胳膊是伸直的。同样每天做40个。

胸部完美计划

女孩青春期的时候最怕别人看到自己发育中的胸部，常常会含胸走路。而成年后又害怕“飞机场”、“太平公主”等外号落到自己身上，常常后悔当初因为害羞没有抓住发育机会。其实不用怕，无论你正处在青春期还是已经发育成熟，只要注意以下几点并有计划有恒心地坚持，你都可以成为理想中的大胸美女。

① 记住这些日子：月经开始后的第11、12、13天，这三天是丰胸最佳时期，第18、19、20、21、22、23、24这七天为次佳的时期。在这些日子里按摩胸部、冷热水交替刺激胸部都能收到很好的效果。

② 同时配合吃蹄筋、海参及猪脚等富含胶质的食物，能促进胸部发育。

③ 举哑铃能令胸部结实，游泳能通过水压对胸部进行按摩，

促进胸部生长。

④ 选购合适的胸衣也能将胸部衬托得更加完美。

腰部完美计划

① 上腹部可做仰卧起坐收减。因为上腹部是胃部，因此注意不要养成暴饮暴食的习惯，因为胃部撑大后是很难收回去的。这也是许多产后女人上腹部怎么也恢复不了的原因之一。

② 下腹部收减方法如下：平躺，双腿伸直，双脚并拢，缓慢上抬与身体成90度角，坚持数分钟，然后慢慢放下，反复几次。

③ 做习惯后还可增加难度。双腿上抬、展髋、挺直身体，双手反手撑住腰侧，将手肘夹紧。形成肘、肩、颈支撑倒立的姿势，也就是肩肘倒立。

④ 要减腰两侧，转呼啦圈是最佳方式。

臀胯部完美计划

① 趴在床上，双腿伸直做游泳拍水动作，两腿交替向上抬起，胯不要离床。每天做60次可达到瘦臀效果。

② 侧踢腿，站立将重心放在一条腿上，慢慢侧抬起另一条腿，直到承受极限，停留几分钟，然后慢慢放下。每天每条腿练习40次能瘦侧腰。

腿部完美计划

① 瘦大腿：下蹲运动，脚跟不要离地，慢慢蹲下再慢慢站起，每天60下，可瘦大腿内侧前侧。

② 瘦大腿：后踢腿，与侧踢腿相同，慢慢抬起再慢慢放下，每天每只腿40下。

③ 瘦小腿：踮脚尖，过程要慢，臀部不要翘起，踮起后停三

秒再放下，每天60下。完成后记得抖抖小腿放松肌肉。

另外，以上各种锻炼方法只适合脂肪型肥胖者，肌肉型不太适合。

中国女孩在身材方面，大部分都有下半身肥胖的困扰。而下半身肥胖又主要集中在腰、臀、胯、大腿等部位，这除了缺乏运动外，还与遗传、饮食习惯等有莫大关系。有研究表明，下半身肥胖可能是由于经络不通引起的。疏通经络只需每天站立，双手自然垂下，以手握拳，中力敲打大腿两侧胆经，每日200次，能帮助排毒并瘦身。

适度的运动是最好的健康减肥方法，可不要偷懒哦！

6．美容，从现在开始

脸是人的第一张名片，无论你长的什么模样，只要不是太过奇形怪状都能通过保养和精心修饰让它焕发出最大光彩。但是什么时候开始保养，怎么保养，这也是一门需要好好研究的学问，以下简略写几个最需要关注的问题。

① 什么时候开始保养

其实女孩从刚出生开始就需要保养，小时候只需每日洗脸、搽面霜就可以。到长大后开始进入青春期，女孩的皮肤就需要更加细致的保养和呵护。女人的皮肤大致可以分为五个阶段：娇嫩期、青春期、保养期、成熟期、老年期。

我们从青春期开始讲起。

②青春期的保养

青春期是从儿童过渡到女人的重要阶段，不可忽视。特别是青春痘简直是女人美貌的天敌。

关于青春痘需要注意以下几点。

a. 青春痘可以用手挤吗?

答：绝对不可以用手挤，会留疤或坑。

b. 若额上全是青春痘，留刘海遮住它，好吗?

答：绝对不可以，青春痘最喜细菌，刘海有利于细菌生长。

c. 有个偏方说，温水兑一茶匙白醋溶解后洗脸能治青春痘，真的吗?

答：真的。但会有损角质层，不要天天使用，也不是所有人都适用，使用时需要密切观察皮肤状态。

d. 美容院有祛痘项目，管用吗?

答：管用，但要找正规美容院。祛痘需要注意祛前清洁和祛后消炎。

e. 我什么方法都试过了，青春痘就是下不去，还成片成片地长，都长到背上了，咋办?

答：你试过中医了吗?外方不管用可能就是内分泌的问题，找老中医瞧瞧吧。

③成年后的保养

度过青春期，年轻女性每天正确保养皮肤的步骤如下：

a. 清洁

护理皮肤前先要了解自己是什么类型的皮肤。皮肤分为中性、油性、干性和混合型四种。一般青春期前都是中性皮肤，青春期后会由于遗传、饮食等因素影响变成后面三种类型。

油性：毛孔粗大，皮脂腺分泌较多，因而皮肤油腻、易污，但不易老化，面部皱纹也比干性皮肤出现得晚一些。由于较多皮脂，容易阻塞皮脂腺分泌的出口而使细菌繁殖，易生青春痘。

干性：毛孔不明显，皮脂腺分泌较少，因而比较干燥。这种皮肤经不起外界刺激，易老化起皱纹。夏天易患日照性皮炎，冬天容易干裂。

混合型：混合型皮肤比较复杂，简单概括就是一部分皮肤是油性，一部分皮肤是干性。多见鼻子油性，周边皮肤干性。

清洁就是用洗面奶洗脸，看准了自己的皮肤属性再选择适合自己的洗面奶。

洗脸原则：泡沫要打匀，顺着肌肤纹理轻轻按压，不可使劲揉搓。

b. 补水

不论中性、油性、干性、混合型，都需要补水，特别是秋冬季节。每日清洁皮肤后滴几滴化妆水，拭于脸部和手部皮肤，用手轻轻拍打至完全吸收。可以多用些，直到感觉脸部相当润泽手部细嫩无比即可。

c. 收敛

化妆水分为柔肤型、收敛型、爽肤型三类。毛孔粗大的油性皮肤需要用收敛水，干性或过敏性皮肤用柔肤水，热天可用爽肤水。

d. 精华

20岁以前不需要用精华液，20岁以后可酌情使用。25岁以后就必须使用了。

e. 滋润

面霜每日必用，也要选择适合自己皮肤类型的面霜。

f. 隔离

隔离霜就是以前的防晒霜，现在不仅有防晒的功能，还能隔离紫外线、灰尘、电脑辐射等，是旅游、工作之必备。

以上六步为每日必做功课。是从一化妆师朋友处得来的经验。她从十几岁开始学习美容知识，也一直坚持保养，现在35岁，皮肤仍如少女般光滑细嫩。

g. 面膜

面膜品种繁多，功能也多种多样，如何选择适合自己的产品呢？

按功能分：

美白型面膜：适合肤色较暗的人。

保湿型面膜：适合皮肤较干的人，秋冬季可常用。

清洁型面膜：适合油性皮肤的人。

抗皱型面膜：适合年纪稍长的人。

按材质分：

不织布、棉布型面膜：这是一种环保材料，具有防潮、透气、柔韧、质轻等特点，能吸附大量精华液，并且不容易滴落，适合任何肌肤。

泥膏型面膜：主要是清洁功能，用完后面部的黑头粉刺能很容易被挤出来。敏感皮肤慎用。

果冻啫喱型面膜：适合夏季使用，通常晒后舒缓、保湿等功效会有这样质地的面膜，但功效相对单一。

乳霜状面膜：这类面膜通常还兼具面膜和晚霜的双重功效，可以用来做面膜，也可以直接用做晚霜，例如目前许多称为睡眠面膜的就属于此类。

撕剥型面膜：与清洁泥膏型面膜原理相同，操作更简单，但不能在湿度大比如浴室等地使用，需要完全干燥才能看出效果。另外，面毛较多及敏感皮肤慎用。

面膜小贴士：

敷面膜之前需先清洁面部，然后用热毛巾敷一下脸，打开毛孔有利于肌肤吸收面膜的养分。清洁型面膜除外。

具有洁肤功效的面膜多以泥膏或乳霜状为主，主要针对面部过多的油脂以及过厚的老化角质，一般来说，面膜建议一周使用一次，补水面膜可以每天使用。

除了泥膏或乳霜状的清洁面膜之外，其他功效的面膜不能待完全干透才洗净，面膜变干反倒会吸收皮肤中的水分。不需清洗的睡眠面膜除外。

皮肤比较薄的人可以只敷一些重点部位，如暗沉的额头、下巴、鼻翼等。

7．化个淡妆精神一整天

一般在学校时，老师都明令禁止化妆打扮，除了怕过分爱美无心学业之外，还因为太美的女生容易让男生浮想联翩呀。当你步入社会后，不论是谈恋爱还是工作，都需要化妆，这不仅是为愉悦别人，同时也愉悦了自己。三分长相，七分打扮，化妆无疑是每个女孩的必修课。

化妆前的准备工作一定要充分。首先需要清洁面部，然后将保养篇里的几步做完。其次，女生的眉通常长得都不是很齐整，需要精心修理出适合自己的眉型。

关于眉型有以下几种。

平缓型：这样的眉会让人觉得你很温柔，比较适合长脸。

高挑型：这样的眉会让人觉得你很干练，同时比较适合圆脸、宽脸。

下垂型：这样的眉让人觉得柔弱，比较适合脸型瘦小者。

弓型：整个眉呈弯型，多见于20世纪30年代画报照片，适合菱型倒三角型脸。

短眉型：眉与眼长度相当，眉尾上翘，给人印象青春活泼，适合倒三角脸。

一般来说每种眉型都可以适当尝试，并不是一定绝对的。

眉型修好，护理做好，就可以开始化妆了。步骤如下：

a. 隔离

隔离其实在上一章美容篇里已提过，之所以重提，是因为这一点相当重要。皮肤重在保养，众所周知化妆对皮肤是有一定损害的，因此化妆时用隔离霜隔离皮肤和化妆品是相当有必要的事情。

b. 粉底

选择适合自己肤色的粉底，对比肤色时要选脸颊接近脖子区域的部位进行对比。可以浅一号也可以深一号，不可听售货员忽悠买过白的粉底，会让人觉得像戴了层面具。

另外，参加有很多镁光灯的聚会，建议如果没有效果极好的粉底，那么，就最好不要打粉底。因为镁光灯会让你的粉底无处遁形。艺术摄影除外。

c. 遮瑕

面部有不大的斑、疤、青春痘时可以使用遮瑕膏轻轻将它们遮去。

d. 定妆

化完底妆需要扫一层干粉定妆，干粉的效用是让肤质更加柔和自然。同时干粉也可用于平时补妆。

当然，如果对自己的肤质很有信心，以上从粉底到定妆三步在日常化妆中可以省略。

e. 眼妆

眼睛是心灵的窗口，在给心灵窗口化妆时要特别注意。

首先是眼影。原则上眼影用什么颜色都可以，没有固定的要求。但是，如果皮肤不白就不要用浅色系的眼影了，如果眼皮肿就最好不用粉色眼影。

如果想挑战难度，要使用深浅眼影或两种颜色的眼影，一要注意过渡要自然，二要注意颜色的色系要一致。同用暖色系或同用冷色系。

眼线。一条好眼线能让你的心灵之窗瞬间敞亮起来。

眼线要贴着睫毛根部，眼尾上挑，能让眼睛瞬间妩媚不少。淡妆要求眼线不宜太宽。下眼线可以不画，如果要画只需画眼尾三分之一处，眼头眼中不可画。

双眼皮贴。需要耐心耐心还是耐心。不是一般人能贴好的，就算贴好了，仔细看还是能看出来。不过长期贴能修整眼形，还是有利有弊。

假睫毛。淡妆不用假睫毛，一定要用的话，要选择最自然的假睫毛。

美瞳。美瞳能让眼瞳变大变亮，有些还可变颜色。

f. 画眉

眉毛的颜色用与头发颜色接近的颜色。

g. 唇

唇彩具有光泽度，更可爱；唇膏无光却让唇更性感。

h. 腮红

除非脸色非常红润，否则适当擦点腮红是很有必要的事情。擦腮红的正确方法是，嘴吸紧两腮的肉后突出来的部位用腮红刷斜斜地向上轻扫。

i. 卸妆

卸妆关乎皮肤健康，不可轻视。现在市面上有各种各样的卸妆液，都很好用。如果没有卸妆液，可以使用婴儿油代替。

先用棉签将眼线、眼影、眉粉、唇彩等比较难擦除的先擦去，然后再将粉底擦去。彻底擦干净了，才可用清洁洗面奶清洗。

8．气质是种习惯

小时候有一部电影拍到西方贵族小姐从小被逼着头顶三本书慢悠悠地在房间里走动，一边走一边还要受管教嬷嬷的训斥。然后才知道，原来贵族气质并非天生就有，也不是一朝一夕就能形成。那是一种长久的生活教养和习惯。

从现在开始，培养你的贵族气质吧，就算物质上做不了贵族，至少气质上要贵族化。

气质是什么？

班上有两个女孩是好朋友。A是文学社社长，能出口成章，但举止粗俗行为不羁；E不能出口成章，但E的举止常常给人以一种极度的美感，就连举手投足都像一幅山水写意画、一首温柔动情诗。男生们都疯狂地迷恋E，能文能诗的A却被冷落在一边。

“满腹诗书气自华”这句话是没错的，但当我们看到大腹便便的抠鼻挖耳的诗人，不管对方多么有才华都会觉得偶像破灭吧？

人从来都是视觉动物。用行动去表现气质，做得不好时会显得做作，但如果做得好那就是气质了。我们宁可用做作去换气质，也不可光读诗书不约束行为呀！

一般我们夸一个女人有气质，是夸她优雅大方，态度亲和。但气质并不是只有这一种。有些女人张口闭口老娘，举手投足像男人一般。这也是气质，这是粗鲁的气质。有的人接人待物束手束脚，做事畏首畏尾，这也是气质的一种，这是小家子气。

那么，什么样的气质才叫人心生向往呢？

从举止来看，抬头挺胸、静如松动如风就很有气质。例如国庆阅兵式上的仪仗兵，他们就很帅气很有气质。一般的军人由于长年的军事训练也都很有气质。

从言谈来看，不说脏话、用词文雅、语气谦和、笑脸对人，这也很有气质。

怎么培养气质？

气质就是一种习惯，任何时候，只要你下决心让自己变得更有气质并坚持做下去，就能做到。

气质首先是一种外在表象，是通过这种外在表象让人看到你的内在涵养。比如，抬头挺胸的人比低头走路含胸而行的人要显得正直、勇敢。

而内在涵养又影响着人的外在行为。知识渊博的人谈吐自然具有一种大气，眼睛只盯着物质财富的人，谈论的话题就只是金钱、股票。更有甚者，没有知识也不懂股票，文娱生活几乎为零的人，每天谈论的话题自然就只有东家长西家短了。

因此，要培养气质，得从内在和外在两方面一起进行。

内在，一要品德高尚，二要知识广博，三要宽广心胸，四要戒骄戒躁。平时多看报多读书，见多识广自然会有一番改进。

外在主要包括穿着和行为。

① 穿着：不可过于暴露。有些女孩为了出位什么都敢穿，过于暴露的衣服只会让人觉得你很随便，这很可能让人不尊重你。同时也可能勾起歹人对你的非分之想，得不偿失。

得体的穿着除了材质不可过于粗糙、款式不可随便外，同时颜色也不可乱搭。一般中性灰、卡其色、黑白配比较容易显得气质高雅。但如果你身体不够瘦削和挺拔，不如尝试可爱的颜色，比如最近流行的韩国时尚，相比而言亚洲人更适合可爱色系，而知性灰适合欧美人。服装配色规矩同眼妆一样，都是同色系用深浅配，不同色系按冷暖色分开配。除非是混搭高手，否则最好不要冷暖色混合使用。

② 行为：第一要微笑，微笑是最佳沟通利器；第二举止文雅，不要勾肩搭背，不要含胸挺肚；第三言谈文明，不可带脏字。

其中，女孩子特别要注意坐姿。许多女孩，站着挺好，可一坐下就完了。女孩子坐要有坐相，臀部要坐于凳子三分之一处，背挺直，双腿并拢倒向一边，双手交握置于膝上。这是标准的淑女坐姿。

其实普通大众大多都不是俊男美女，但许多人身上却洋溢着动人心魄的气质之美。他们不仅衣着得体、举止文雅、谈吐高洁，同时还非常认真、执著、聪敏、善良，这就是真正的气质，是和谐统一的内在美。

9．好吃好睡，美丽自然来

除了保养、化妆、得体的穿着和行为，还有两种方法能让你由内而外地散发出美，那就是吃好睡好。

许多人都想用节食来达到瘦身的目的，可是即使瘦了下来，脸色不好，甚至长出斑、皱纹，那也是很糟心的事情。按中医的理论，人体是一架巧夺天工的机器，每个器官间都具有生生相息的联系。比如肾不好时，脸会浮肿，浮肿会显得胖；比如肝不好时，脸就会蜡黄暗哑；而贫血的人往往都脸色过白等。

下面提供几个食疗的偏方妙方，适用于女孩子美容保养。

百合红枣银杏羹

百合50克，红枣10枚，白果50克，牛肉300克，生姜两片，盐少许。将新鲜牛肉用滚水洗干净之后，切成薄片；白果去壳，用水浸去外层薄膜，再用清水洗净；百合、红枣和生姜分别用清水洗干净；红枣去核。瓦煲内加入适量清水，先用猛火煲至水滚，放入百合、红枣、白果和生姜片，改用中火煲百合至将熟，加入牛肉，继续煲至牛肉熟，即可放入盐少许，盛出即食。有补血养阴、滋润养颜、润肺益气、止喘、涩精的功效。

红枣银耳炖燕窝

红枣6颗，银耳半个拳头大小，枸杞小半杯，薏米小半杯，莲子10粒。将材料洗净，放入温水中发好。将发好的上述原料入锅，加适量清水、白糖，用大火煮开，其间两次加少量凉水搅拌，以防粘在锅底。文火烧5—10分钟，至呈透明稠状。烧好后加燕窝。喜欢吃冷的，可放入冰箱中冰镇。

药肉粥

羊肉1000克，当归、白芍、熟地、黄芪各23克，生姜5克，粳米30克。将羊肉切细，煎药取汁，下米煮粥食用。有温补气血、健脾养颜之功效。适用于女性血少、容颜不华者。

酒酿鹌鹑蛋

枸杞1小把、酒酿1小碗、鹌鹑蛋15颗。鹌鹑蛋煮熟、去皮，枸杞用温水泡胀。将酒酿放入砂锅，下入枸杞、鹌鹑蛋一起煮开即可。这是传统的丰胸美食。

黄豆炖猪脚

猪脚2只，黄豆200克。猪脚斩小块，洗净后飞水取出备用。黄豆洗净后用冷水泡一夜，隔天将脱落的豆皮拣出（用手轻轻揉搓豆子可以帮助豆子脱皮）。将黄豆、猪脚一同放入煲中，加适量清水，放入葱段、姜片。大火煮开后转小火煲约2.5小时，喝的时候加盐调味就好了。火候一定要够才能将胶原煮出来，喝的时候即使什么都不加也是很美味的。

最后再提供两个家传养生药膳，据说还同时具有美容功效。

阿胶甜酒冲鸡蛋：将米酒倒入锅中，置文火上煮沸，下阿胶化尽，冲入打匀的鸡蛋液，搅开即可。

当归、黄芪、党参、桂圆、红枣、莲子、薏米、百合、枸杞蒸老母鸡：各种中药适量即可。

说完吃再来说睡。说到睡，我们先来了解一下人体器官工作时间表。

① 晚上9—11点为免疫系统（淋巴）排毒时间，这段时间应安静或听音乐 。

② 晚间11点至凌晨1点，肝的排毒，需在熟睡中进行。

③ 凌晨1—3点，胆的排毒，同上。

④ 凌晨3—5点，肺的排毒。这就是为什么咳嗽的人在这段时间是咳得最剧烈，因为肺正在排毒；不应用止咳药，以免抑制废

积物的排除。

⑤ 凌晨5—7点，大肠的排毒，应上厕所排便。

⑥ 凌晨7—9点，小肠大量吸收营养的时段，应吃早餐。疗病者最好早吃，在 6 点半前；养生者宜在 7 点半前；不吃早餐者应改变习惯，即使拖到 9 、10点吃都比不吃好。

⑦ 半夜至凌晨 4 点为脊椎造血时段，必须熟睡，不宜熬夜。

健康的器官才能造就一个健康的白里透红的好脸色，这比任何保养、美容圣品都管用。

10．没有丑女人，只有懒女人

看到上面这些，你是不是和我一样被吓到了？初听那位化妆师朋友讲解的时候，我也被吓到了，我说："这样麻烦呀，要不我不学了吧，我怕我坚持不下来呢！"

朋友什么也没说，只是抓着我的手摸了摸她的脸。我点点头，嗯，很滑很嫩。她又抓着我的手摸了摸我自己的脸，竟然比大我近10岁的人的皮肤还要粗，我那时才20岁呀。后来再次见到她本人时，她已经38岁，那皮肤依然像当年一样白皙嫩滑，仿佛岁月忘记了她的存在一般。

其实保养和气质一样，只要持之以恒都是可以由麻烦转变为习惯的。如果你习惯了不说脏话，习惯了进门先脱鞋，习惯了睡前刷牙、便后洗手，那么你也能习惯洗脸后涂点东西保养皮肤，出门前化个淡妆愉悦自己。

小白和小蓝是两种完全不同的女人。小白从小就知道自己并不漂亮，因此从青春期开始就很注意如何让自己更美。而小蓝天生丽质，几乎不用修饰就很完美，因此她并不怎么注意保养。

小白和小蓝是同学兼好友，一同长大，一同结婚，一同变老。20岁前，小蓝傲人的天姿常常占据上风，即使穿着再普通也掩不住她那出水芙蓉般的清丽，相比之下，小白就普通得多。

20岁后，小白接触化妆品的机会开始增多，各种知识迎面扑来，小白来者不拒，认真学习，仔细观察，归纳总结出最适合自己的保养方案、穿着打扮。慢慢地小白的气质开始显现出来，竟与同时期的小蓝有平分秋色之势。

26岁左右小白和小蓝各自成家。成家后的两人都一心扑在了老公、孩子和事业上，来往渐渐少了。

10年后同学聚会时两人再次相遇，久别重逢小蓝吃惊地发现小白竟然越来越漂亮，更显高贵了，初看还当只是二十五六岁的女青年，一点不像一个8岁孩子的妈妈。而小蓝这两年老得特别快，皱纹满脸、皮肤暗哑发黄，生孩子后又没有注意瘦身，任由自己发胖，再加上一身正宗老年妇女的穿着，与小白站一起竟然像是母女一般。

受了刺激的小蓝回家奋发图强，立誓要找回青春的自己。然而，最佳保养光阴消逝，美貌已经再也找不回来，不过小蓝还是通过穿着的改变加上天生的好底子，寻回了些气质美女的风度。

当你有惊人的美貌时，不要忘记红颜易逝；当你没有惊人的美貌时也不要灰心丧气，勤奋总能为你打开另一扇通往美丽的窗。

人的一生那么漫长，青春像春天的桃花般不过三五天光景而已，其余的岁月，就需要我们人为地去努力挽留青春离去的脚步。会穿衣，会打扮，开朗快乐，精神生活丰富，具有这些特质，就能弥补时光流逝带来的遗憾。

四　学会保护自己

1．爱情的冒险家

快要进入恋爱的女孩们总是会有各种各样的彷徨。确实，现代这个信息发达的社会有太多的事例告诉我们爱情不可靠，男人不可靠，女孩们有担心有忧虑都是正常的。但是爱情这种东西是不受控制的，它可不管你心里究竟有多么担心前途叵测，该来时它就波涛汹涌地奔来，一个浪头就将你打翻在地。

如果爱情不可避免，那伤害可以避免吗？

伤害当然可以避免。这一章里有一些关于爱情的陷阱、迷雾和应保有的底线，可以帮助女孩们能在恋爱关系里更好地保护自己而不至于受太大的伤害。但我绝不会说，我可以保证你永远不受伤害。除非你不谈恋爱，否则就不可能不受伤。但是就像台湾作家张晓风说的那样："你要一个这样完美无缺的自己有什么用呢？"

恋爱是帮助人寻找自我的过程，在这过程中，你会学会如何付出自己的爱，也会学会怎么接受来自对方的爱或者伤害，你们通过这种如河流般缓缓流动的爱的交汇最终得以修复自身人格、共同成长，并得到终身的幸福。

没有任何人能保证在这过程中不会出现错误，也没有任何人能跟你保证，你爱上的那个人不会有大多数男人固有的那些劣根。因此，决定要爱，就是决定参加一场冒险，在这冒险的过程中，也许有刺激，也许有愉快，最重要的是得到一段关于成长的记忆。记住你曾得到的爱，也记住你曾受到的伤害，感谢它们给你带来的这段经历，感谢它们让你快速成长。

当麦哲伦在公元1519年踏上那片饱经沧桑又久无人迹的大海时肯定也想过类似的问题。这是一趟冒险的旅程，人类对海洋的无知足以将他们永远埋葬在海中无人知晓，但麦哲伦仍然选择了前行。于是有了人类的第一次环球之旅，第一次证明了地球是圆的，证明了地球上大部分是海洋而不是大陆，证明了几乎所有的海洋都是连接在一起的，同时也有了名垂青史的麦哲伦海峡。

麦哲伦是冒险家，他的成功在于他选择了冒险，如果他没有冒险就只能被永远地埋没在历史的洪流之中。那你呢？你有勇气为了可能的幸福踏上寻爱的冒险之旅吗？

2．男人的谎言

有一句俗语叫“男人的话靠得住，猪也会爬树”。这句话充分地反映了当今社会女人对男人的评价。同时，又有人说“男人不坏女人不爱”，所以爱说谎的男人又经常被女人们追逐着。事实究竟是怎么样的呢？

云和景的恋情亮起了红灯，原因在于云认为景欺骗了自己。

事情的起因是景跟云坦白了一桩出轨未遂的事件，景说有一个合作商喜欢上他，他不想背叛云，所以要辞去工作。这次坦白如同打开了潘多拉的盒子，从此两人生活在了水深火热之中。

从最开始听到这件事，云与景吵了一架之后，云每天都要检查景的身体。是的，你没看错，是身体。从里到外云都要仔仔细细地检查，直到有一天发现大腿上有一块淤青。发现证据的云对景不依不饶，加上景自己也解释不清为什么会有淤青，于是这成了景身体出轨的证据。

几个月后的某天，云又在景的手机里看到一首从陌生手机上发来的求爱短信。云又以此为证，证明景一直与她藕断丝连。

云不再信任景（事实上从一开始云也没有信任过），她几乎每天都跟踪景，两年多的时间两人形影不离，于是云没再发现景有什么疑点出现了（你都贴身跟踪了，就算再出现淤青你也不会在意了）。因此云越想越觉得景之前是在欺骗她，因为没有跟踪的时候疑点重重，跟踪以后就没有了。没跟踪前景对自己很一般，跟踪后景对自己也明显比以前好了。因此云认定景一定撒谎骗了自己，因为他从头到尾都不承认自己有过身体或者精神上的出轨。

看到上面括号内的评论，我相信你能了解我对此事的观点。是的，云是一个有点偏执的女人。她用自己的执著得到了一个自己被欺骗的结果，虽然这个结果不足以让她决定分手，虽然她也只是想让他不要再欺骗她，只想景承认自己真的出过轨而已。

很奇怪世界上竟然还有这样的人，首先得到一个答案，然后围绕这个答案找一切能证明答案的例证，不论这个例证是多么的不合理。甚至到最后连对方对自己的好都变成了他曾出轨的证据。真是欲加之罪，何患无辞？

事实上很多女人都或多或少有些这样的偏执。我见过一个女人，她喜欢强迫男朋友答应自己一些他没法做到的事情。比如要求他给自己买贵重的首饰，可男朋友的工资还不足以支持她进行此项消费。男友本来是不同意的，但她一直撒娇啊，威胁啊，逼得男友没有办法，只好口头上答应着。等到要买的那天男友拿不出钱，因此也就成了她口中的骗子。

男人的谎言有时候真是被女人逼出来的，如果跳出这段关系的话，她们都能很清醒地说这样是不对的，那样是正确的。但女人是感性的动物，当她走入恋情后就往往会“乱花渐欲迷人眼”，看不清事实的真相了。

当然，男人能毫不愧疚地说出谎言，另一半原因也是对女性的轻视。传统文化中女人要贤要忍，贤的标准就是什么都听丈夫的。到现代社会这种“三从四德”的规矩虽然不再被提起，但还是深深影响着世人的生活。因此男人普遍都有一点大男子主义，他们轻视女人的智商，肆无忌惮地嘲笑女人头发长见识短。因此他们也普遍打心眼里认为女人没什么聪明才智，只需要听话就好了，自己说谎不也是为了她好、为了让她快乐？如果乖乖听话不就没有这么多事了？

对于这样的大男子主义，我们一定要坚决打倒。但对于善意的或无关紧要的谎言，只要不是太影响生活质量，可以不用上纲上线；只需要向他表明你并不喜欢他说谎，同时不要做出逼迫他不得不撒谎的事就行。普通人都是喜欢说真话的，因为这最不费脑子，不需要去编。

3. 爱是信赖不是依赖

信赖与依赖看上去只是一字之差，但意义却相差甚远。信赖一个人，会放心让他自由地高飞；而依赖一个人，他一刻不在身边就会觉得恐慌。信赖一个人，会全身心地投入帮助他完成事业；而依赖一个人，只会向他索取而没有能力对他付出。

每个人或多或少对他人都会有一点依赖的心理，无论是爱人间还是师生间，父子间或者朋友间，人们互相信赖也偶有依赖，这种依赖并不会影响人们正常的生活。可是有些人的依赖就过于病态，就像溺水的人突然抓到了救生员，对死亡的恐惧导致他死死地抱住对方也不管是否把对方的手脚一并捆住，是否会一起溺亡。

利明觉得自己的小女友甜甜对自己就实在太依赖了，每天三个电话，问自己在做什么。开始的时候利明觉得甜甜真爱自己啊。可次数多了他就受不了了，这简直就是催魂呀！利明有时候真想和甜甜说，你别打电话了，你影响我工作了。但一看到甜甜紧张、怯弱、无辜的面孔，利明的心就软了，怎么也说不出口。

许多人都认为对方对自己依赖是因为爱得太深了。没错，爱中确实有依赖的成分，但是依赖却并不能代替全部的爱。那么依赖是什么呢？依赖是一种对未知的无限恐惧。有些人从小被父母遗弃，不是身体的，而是精神上的。她们不曾从父母那里得到爱，也不曾得到精神的温暖。当她们遇到能给予爱的人便立刻像溺水的人那样死死抓住，时刻要求陪伴，不断汲取温暖，时刻要从你身上索取爱从而证明自己的存在。如果你对她们关注不够，她们就会用自毁来得到你的重新关注以证明自己值得爱。

你能说这样的依赖是爱吗？与其说她们是爱着对方，不如说对方是她们的救命草绳，如果这条草绳一刻不在她们的掌控之中，她们就会疯狂。这再也不是爱的过程，反而变成了控制者利用自身的软弱控制另一个人的游戏。当这种游戏成为她衡量生活质量好坏的唯一标准时，她就不可能真正地爱上某个人。因为她会找到比你更好控制的物体，可能是另一个恋人，也可能是一只宠物，甚至可能是你们的孩子。

上面说的是心理性依赖别人的女性，还有一种习惯性依赖别人的女性。

当生命中没有男人出现时，她们因为现代教育形成的观念而立志自己独立拼搏、为理想而奋斗。但当男人出现后，特别是这个男人还很优秀时，女人就会慢慢忘记自己的理想，全身心投入到对家庭生活的奋斗中去。她们会费尽心思做一顿美味的晚餐，也会用一个下午的时间将房间打扫得一尘不染，她们忘记自己还需要有理想、有事业，有些则干脆做起了全职的太太。

我不是说这种生活方式不好，事实上就像男人骨子里喜欢斗狠一样，女人骨子里就是喜欢用智慧营造一个温暖的家。但是这种付出是不能建立在自己完全依赖对方的基础上的。全职太太不是不好，但是如果对方对你在家庭内作出的努力非但不重视，反而带有严重的轻视时；当对方不能遵守你良苦用心建立起的井井有条的家庭秩序时，你是否有勇气理直气壮地对对方说“NO”？

如果你不敢说，你就已经很依赖对方了，你完全把你的尊严交到了对方的手中。你若还不醒来，就将永远地失去自我。

4．让暧昧男走开

暧昧，顾名思义，就是心里想爱但没有明确说出来的感情。S.H.E有一首歌《恋人未满》给这种感觉作了很好的诠释：“为什么只和你能聊一整夜，为什么才道别就又想再见面，在朋友里面就数你最特别……友达以上，恋人未满，甜蜜心烦，愉悦混乱……”

暧昧就是这种比友情多一点点，比爱情又少一点点的状态，这种感情在外人看来很美，可对身处其中的人来说，个中滋味还真不可言传。

清月进入公司后就被分在了耀杰的手下。一开始，两人只是普通的上下属关系。清月因为是新员工，总被老员工欺负，高高大大、温文尔雅、对工作又相当严肃的耀杰总是会在关键时刻救她于水火之中，这种照顾被清月看在眼里、记在心里，再加上经常一同出差，清月不知不觉间就喜欢上了耀杰。

但是清月知道这种感情是不可能有结果的，因为此时年近40岁的耀杰已经有了自己的家庭，还有一个可爱的女儿。

清月苦苦地压抑自己的感情，不敢踏错半步。可耀杰不知是有意还是无意，总是试图拨动清月心底的那根琴弦。他总是在经过她身边时，认真地看着她点头微笑；他总是在吃饭的时候逗她的乐子，然后哈哈大笑；他总是在加班到很晚的时候开车送她回家，然后祝她晚安留给她一晚的思念。这些事情一件一件看起来是这么平凡，却又那么动人心扉。她问自己：“他爱我吗？”

她不敢摇头，怕惊了自己的一晌春梦；她也不敢点头，怕自己哪天真的奋不顾身投奔情海。

就在这想爱不敢爱、想离开又不舍得离开的状态下，清月懵懵懂懂地度过了八年的时光。当她终于发现自己不能继续这样的时候，她最美好的岁月已经过去了。

暧昧是爱情的天敌，最喜欢发生暧昧的人群往往都是35岁以上的老男人。他们并不真的想背叛家庭，但他们又希望通过吸引小姑娘的注意力来证明自己日益衰老的身躯还能和小伙子们比个高低。他们已经不再为爱情而冲动，同时又在妻子那里学会了如何揣摩女人的心思和追求的技巧；他们利用这些技巧巧妙而不露痕迹地撩拨着身边的每一个年轻女子，他们享受那些女子们脸上的娇羞和崇拜，这是对青春的最后缅怀。

有些女孩就此爱上了老男人，疯狂地热恋；而有些女孩就像清月那样紧守着道德底线，却又不愿意离开。

玩暧昧的老男人也分两种，有些人受宠若惊迅速抛弃发妻投奔年轻的怀抱，能得到这样结果的女孩虽然名声上不好听，但好在还有个好的结局。只是他能轻易抛弃别人，日后也能这样对你。而有些老男人一面撩拨别人，一面又自诩人品高尚，言称绝不能做抛弃发妻之事，最后全然都是女孩的错。

可见，暧昧其实是老男人的保护色，无论结果如何，最后痛苦的都不是主动犯错的他们。女孩你如何还敢上当?

除了上面这样让人愤慨的老男人，也还有一些毛头小子爱玩“你猜你猜你猜猜猜”的暧昧游戏。

或许是因为学业的关系，或许是因为住得近，或者是其他千奇百怪的理由，你们成了朋友。你当他是爱人，他当你是哥们，你们经常一起玩一起闹。你明明喜欢他，却害怕因为表白被拒而完全失去他，因此形成了暧昧的关系。

对于这样的男孩，女孩们一定要主动出击，就算做不成兄弟了，至少你也不会耽误自己的青春。如果不这样，你的结局一定是：把爱情放在一个不可能的人身上，几年或十几年后才幡然悔悟，匆匆嫁个自己并不爱的人。这可是比当初就失恋更加痛苦的人生！

5．只给不拿，是为贼

看到标题的人都会问，是不是写反了？不，没有。在生活中只拿不给是为贼，这是很正常的。但若只给不拿呢？一个陌生人给你一个苹果，你会沾沾自喜认为占了便宜。如果陌生人每天都给你一个苹果，你会怎么想？要不觉得他是在可怜你，把你当成叫花子；要不就是整天惶惶不可终日，不知道他究竟要干什么，为什么会无缘无故地对你好。

感情也是这样的。

小蓝和文伟在一起后简直就变成了文伟的小保姆，她像个勤劳的小蜜蜂一样每天穿梭在教室、食堂、图书馆，目的就是为了给文伟占座、提前买好他爱吃的菜，然后文伟可以晚点起床慢悠悠地往教室、食堂、图书馆赶。周围的男同学都很羡慕文伟有个这样好的女朋友。可是，在相恋的第三年，文伟劈腿了。

那时两人都毕业了，文伟喜欢上了公司里的同事，从来都像大老爷们一样对什么事情都撒手不管的他竟然为了讨好那个女人又是做饭又是送花，而这些在相恋三年中可从来没有给小蓝做过。其实文伟原来也是想做的，但小蓝总是说："你是大老爷们，怎么能让你做饭？"又说："花买回来没几天就谢了，浪费钱，有这钱我给你买点骨头炖汤喝。"

最让小蓝崩溃的是，文伟一心一意要投奔的那个女人竟然根本不喜欢文伟。朋友都说文伟"贱"，放着小蓝这么好的女孩不要，非要热脸贴人家的冷屁股。每每听到这里小蓝都哭得几乎晕过去，这是一种怎么样的打击呀，这简直就是在讽喻自己其实比文伟还贱。

虽然这个讽喻有些残忍，但还是切入到了问题的实质。小蓝和文伟的问题其实都是小蓝自己一手造成的。

在80后这一代人小的时候，学习的对象是人民英雄那种不畏艰苦一心付出的人，这样的人站在道德至高无上的神坛上，用无私的爱和奉献燃烧自己照亮别人。从此人们心里有个模式，奉献=自我牺牲=道德高尚。那么，一个专门奉献不求回报的人把别人当成了什么？当成只求回报不愿付出的、没有道德的小人吗？似乎只给不拿的人也偷走了对方情感上一些很微妙的东西。

大概每个人在接受别人付出的最开始都不会有这种想法，但随着接受得越多，又没有付出的渠道，道德负疚感就越来越重。他不明白付出的人究竟想得到什么，就算自己想付出对方也不允许。于是他要么对接受对方的付出麻木不仁，要么就去外面寻找可以接受自己付出的对象，以宣泄自己付出的渴望。

小蓝和文伟的问题最后在朋友的点拨下平安化解。小蓝本身因为伤心而生病，朋友将小蓝生病的事说成自杀告诉了文伟，文伟半夜三更连睡衣也没换下就赶了过来，明白是朋友的误传也没有生气，一连三天在小蓝身边伺候着。小蓝也放弃了原来的那套非要付出不可的架势，好好地享受了一回最高待遇。两年后两人终于修成正果。

恋爱本就是两个不同的人相互磨合、妥协的过程。通过这个过程，两人的心更近，爱更浓，然后相依相守不离不弃，最后成为对方骨血中不可分割的一部分。

6．骑白马的可能是王子，也可能是唐僧

爱的磨合在生活中可谓无处不在，当你们观点不合时，当你们争吵时，当你们冷战时，就是你们准备磨合出一套更合适的相处模式的时机。

莉在遇到川时，她觉得自己的白马王子终于找到了。原本莉讨厌臭男人，她工作中接触的男性因为要跑工地的原因，经常有一股难以言喻的味道，近距离接触时，莉往往会被熏得喘不过气来。

川就不会这样。川是老师，莉想这可能就是川为什么总是干干净净的原因。莉靠在川肩头时能闻到他身上清爽的味道，清爽中散发出一种属于雄性的气息。有人说女人是嗅觉动物，是的，尹莉爱上了这种气息，她爱上了川。

与所有恋人一样，两人经历了一系列的分分合合，终于走在了一起，同居的日子像新婚一样浪漫而快乐。但莉很快就笑不出来了。

莉发现自己开始的判断错了，川之所以永远都是干干净净的，并不是因为他是老师。因为她见过川的同事，没结婚的男同事中，川绝对是最干净的那个。而川之所以这么干净，这源于他有着莉无法想象的洁癖。

“哦，这可真要命。”这是我听到莉向我倾诉时的感慨。通常来说女人才是洁癖症的患者，而男人有这毛病的相当之稀少。“其实这挺好，”我对莉说，“你看你家的家务川都包圆儿了，你什么也不需要干，多好。”

“开始我也是这样认为的，”莉郁闷地说，“可是每当他回家看不惯这看不惯那时，我心里就会窝着一团火，最后总会因为一些小事情吵架。比如上次我边看电视边吃零食，我吃得可小心了，一点也没有掉下来。他就非说会掉在沙发上，不许我吃。我都快疯了，他简直就是个唐僧，天天不停地在我耳边念叨，没完没了。”

“那你打算分手吗？”我问。

“分手？”尹莉怪异地看了我一眼，迟疑地道：“不用吧，这些都是小事，只要他改了就好了。”

我摊手，“你看，虽然你觉得郁闷，但你这并不足以支撑你做出离开他的选择，这说明你对他的行为并不是相当反感。同时，川这个有洁癖的男人愿意和这样随性的你在一起，这说明你也有他欣赏的地方。也许正是你身上的这种无拘无束吸引了他，而他身上的条理性又吸引了你。你们其实正是被对方身上自己所不具有的部分吸引。对吗？”

莉想了想，缓缓地点头道：“也许你说的是对的。但我还是

觉得这样一直争吵下去不是办法呀！”

“呵呵，你们要明白为什么会选择对方恋爱，你们也要明白现在看到的缺点正是当初对方吸引自己的优点，然后自然就明白了对方到底值不值得你们爱。而只有值得爱的人才需要你们付出自己的宽容和忍耐。

你们要互相宽容对方的缺点，同时也要让对方明白自己的忍耐界线，越过了界就会爆发争吵。事实上恋爱就是两个从不同生活环境中走出来的人互相磨合的过程，通过互相的宽容和忍耐成为和谐的一对。

生活的习惯不是一朝一夕就能改变的，你们可以在自己的家里设定川和你的专属区域，在各自的专属区域里，遵守互不侵犯原则。时间长了，等你们互相习惯了对方的行为模式，专属区域自然而然就会慢慢融合在一起不分你我了。”

后来虽然川和莉偶尔还会吵吵闹闹，但随着时间的推移，两人越来越有默契。两年后再见莉时，明显看到她身上发生了变化，从前有些不修边幅的小姑娘蜕变成了精致的女人。莉也告诉我，川的洁癖已经好多了。

7. 新时代的门当户对

恋人之间磨合期的长短通常根据双方的原生家庭之间的差距来决定。差距越大，时间越长，甚至还可能无法磨合；差距越小，则时间越短。这就是新时代的门当户对。

你可能觉得门当户对是个很古老的词，是陈思旧腐，是应该被打破和丢弃的。如果你真这么想，那你今后的人生道路注定会有些波折。

门当户对的基本释义为男女双方的条件差不多，即使有差别，这差别也不大，不存在高攀和低就的问题。

在古代，门当户对的首要条件是经济条件基本相当。而就算到了现代，经济条件也是衡量门当户对的重要标准，但却不是唯一标准了。现代的门当户对除了经济外，还讲究学识、性格和脾气等。

为什么说经济在恋爱里这么重要呢？这里不是歧视谁，只不过因为经济的不对等会造成生活方式、消费理念的巨大差异。比如经济条件较差或者比较俭朴的人家，一块钱是要掰成两半花的；而经济富裕的人家在意的不是东西贵不贵，而是合不合自己心意。再贵，只要合心意，也要买下来。

富裕的人家在理财方式上也与经济稍差的人家不同。经济稍差的人家生活会过得比较紧巴，把钱省下来全存进银行是最放心的；富裕的人家提倡享受，享受之余，钱也不必存进银行，可以拿去进行投资，让钱生钱。

家庭经济条件和消费观念上存在较大差异的情侣比较容易分手，因为经济是关系到人切身利益的东西。

一个穷小子如果娶了豪门女，如果两口子跟女方家生活，穷小子会觉得自己是入赘的女婿；而跟着男方家生活，男方又很有可能会觉得这个富家女是嫁不出去了才会嫁给穷小子，不仅不会因为富家女改善了自己家生活境况而善待她，反而会觉得儿子娶亏了，理应有经济条件更好的富家女嫁给自己这“才华卓著”的儿子。

一个灰姑娘如果嫁入了豪门，通常男方家会觉得此女心计手段了得，肯定不是什么善茬，一定是冲着巨额财产才嫁给他，然后处处提防，灰姑娘过得就更不可能如意。

人生就是这样，不论你心里怎么想，只要扯上了经济利益，别人总会把你往阴暗面去想。优秀的品质在不平等的经济条件下得不到尊重，只有相对平等的经济条件，才是获得尊重的前提。

另外在学识方面双方也讲究对等，女方可以比男方差一个档次，但男方不可比女方相差太多，否则外人的眼光也会PASS你。

性格脾气方面的合拍其实比经济更加重要。经济问题只要性格大大咧咧一点别太在意也就过去了，但如果性格不合，即使是忍耐也未必会有好结果。恋人的性格倒不一定要完全一样，像吃饭一样，如果一个爱吃蛋黄一个爱吃蛋白，那么在一起肯定是合拍的。如果两人都争着要蛋黄，反而会有麻烦。

曾经有个女孩，她性格比较急躁，做什么事情都是风风火火的，她找了一个男朋友也是和自己一样风风火火。好吧，针尖对麦芒，谁也不服谁，甚至好多时候两人都闹到大打出手。虽说吵架也是一种沟通的方式，但要注意对脾气的控制。当一方脾气失控的时候，另一方应该离开现场等双方都冷静下来后再进行沟通。但急躁的人没有这种忍耐性，吵架升级就是必然的了。

可是这个女孩和男友又真的很相爱，每次吵完后闹分手，结果没几天又抱头痛哭，舍不得。这样相互折磨的爱情让我们这些旁观者都替他们累。

爱情是人成长的一个机会。许多人小时候受到家庭社会的影响，性格上会有各种各样的缺陷，而往往你爱上的人正好拥有你缺失的那一半。正是这一半吸引了你，你在与之相互磨合的过程中将缺失的部分补齐，偏激的人不偏激了，悲观的人不悲观了。因为有了爱的滋润，你完善了自我，拥有了真正健康的人格。

说到底，经济上的门当户对是一种对外在条件的评判，如果外在条件相差不多，可以断定两人以及两个家族间的内在核心价值观都是相差无几的，这种相差无几能造就更幸福的人生。如果相差很大，也许有的人也会幸福一生，但这种几率太小了。

而性格上的门当户对，需要你对自己有一个全新的、深入的认识。自己为什么要恋爱，自己想在恋爱中得到什么？是被爱的感觉，还是付出爱的感觉，或者，只是尝个新鲜？想明白了之后再去寻找自己缺失的那一半，幸福，就不会只是空谈。

8．爱我，请给我健康的性

姚在医院门前徘徊了近半个小时，始终下不了决心进去。她最近生病了，不是头疼脑热而是私处有着难以启齿的瘙痒，还不能去挠，这该有多难受啊。

这种难言之隐让她工作时坐立难安，睡觉时也会痒醒，平时还会散发出恶臭。姚常常觉得别人经过她身边时都会皱皱眉头，她总怀疑是不是别人闻到了。可这病怎么看呀？难道要脱下裤子给别人看那里吗？那多难堪啊！

怀着这种忐忑的心情，姚在医院门前挣扎了半天，最终还是身体的不适占了上风，姚走进了医院。

挂号时姚小声地报了妇科，挂号的男医生抬头看了她一眼，这一眼在姚看来简直锐利得像是大庭广众之下把自己的衣服剥光了似的。仿佛只凭“妇科”这两个字，经验丰富的医生就穿透了她的衣服直看到她的私处。

男医生当然不可能如此神奇，本不过是简单的一眼而已，但在刚满19岁年纪尚轻的姚看来，这一眼完全是生命无法承受之重。姚拿回挂号单，慌不择路地逃离那让她觉得压抑的氛围。

磨磨蹭蹭来到三楼妇科门前，妇科的门诊安排在产科旁边。有许多挺着大肚子的女人坐在那等待叫号，还有一些已经生育的女人也坐在一边旁若无人地喂奶，这样毫无顾忌的裸露稍稍缓解了姚的紧张情绪。

熬了半小时，终于叫到姚的号。她进去时屋里产检的大肚子女人还没走，女医生正和善地嘱咐她各种注意事项，待到姚上前说明来意后，姚又敏感地觉得女医生脸上那抹和善瞬间被不耻和鄙夷所取代。

女医生听完姚的描述，将她领到一间密闭的房间，女医生冷冷地道：“把裤子脱了。”姚愣住了，居然叫她脱裤子？虽然她们都是女的，但姚怎么想怎么不愿意。女医生乒乒乓乓地拿了一些工具出来，看到姚没有动，不耐烦地说道：“你快点，外面还有不少人等着看病呢。”

姚在自尊和健康之间犹豫了一会儿，最终选择了健康。裤子脱了后一股恶臭冲了出来，姚羞得简直想找个地缝钻进去。而女医生眉头都未皱一下就指挥道：“到那床上去。”

上了检查的床，女医生要求姚把腿打开一些方便观察，姚犹犹豫豫地不肯，女医生怒道："现在你知道羞耻了？和男人上床的时候怎么没想到？"

事实上女医生确实有些缺乏职业道德，病人怎么样都是病人自己的事，她没有权利和资格去指责。可姚就是这么倒霉，遇上了这个自认为颇有正义感的女医生。女医生一边检查，一边还啰啰唆唆、一惊一乍，把姚弄得七上八下、羞愧难当。

姚第一次经历妇科检查，过程之离奇和难受，以及那让人难堪的羞耻感，大概会让她一生难忘。可是，难堪还没有结束，检查完毕后女医生皱着眉头又来了一句毒舌："都烂成这个样子了才来检查，真是不知自爱。"

犹如晴天霹雳打在姚头上，这句话成了压垮骆驼的最后一根稻草。一直强忍在眼中的眼泪哗地一下就冲了出来。姚一边系裤子一边哭得上气不接下气，女医生还在一边火上浇油，唯恐姚不够伤心。

女医生其实是好意，姚在她看来实在太年轻了，得了这样的病若不给点教训还当是玩儿，以后还会继续，弄得不好今后生育功能都可能丧失。

可姚自认不是那些不知自爱、随便乱搞的女孩，她只有一个男朋友，却莫名其妙地得了这样的病。女医生赤裸裸的嘲讽和冷眼叫她如何受得了？

后来经过了解，方知是男朋友平时不注意卫生才导致姚生病。虽然后来姚的男友改了自己的不良习惯，从此勤洗澡勤换内衣，可是这件事即使过去很多年，姚仍然心有余悸。

9．即使爱他，也绝不能为他流产

姚还算是幸运的，虽然受了一场惊，但好歹结果并无大碍，比她更惨的是童。

其实很多女孩子都不太懂得在同居关系中如何保护自己，包括私处的保养、如何防止怀孕。有些女孩比较幸运，遇到了对自己好，也懂得保护自己的男人，而有些女孩就没那么幸运。

童的男友辉和她是高中同学，恋爱初期，童爱的是他的粗犷和豪爽，可后来这样的粗犷和豪爽却深深地伤害了她的身体和心灵。

辉每次和童做爱的时候都不用避孕套，言之凿凿地说童还太小，不会怀孕。这时童才15岁。这样做了几次，童果然没有怀孕，于是也就放开了。结果可想而知，两人燕好不过数月，童就发现自己的“亲戚”没有再来。慌了神的童拉着辉问怎么办，辉再次言之凿凿地说放心，不会怀孕的。童却无法放心，于是去了趟医院，检查结果明明白白地告诉童：她怀孕了。经过短暂的失措后，童把这消息告诉了辉，两人一番商量后决定堕胎。

那时还没有网络，也没有百度知道，不敢去医院的童并不知道堕胎对女孩来说是多么需要慎重的一件事。她战战兢兢跑到一家小诊所买来堕胎药吃，当天晚上痛得大汗淋漓，几乎以为自己要死过去，之后又流了近半个月的血，可她谁也不敢告诉，就自己扛着。这样过了一段时间，血没了，辉又忍不住和童做爱。当童后来把这事告诉医生时，医生都忍不住责骂他们太不懂事。

小产和女人分娩一样是对身体的一种摧毁，需要一个月的时间静养。辉不仅没有让童好好补补，还在童才小产半个月后再次染指她，并且再次提出她小不会怀孕的谬论，只说上次是个意外。

很傻很天真的童居然也相信了辉的话，于是一次次怀孕一次次流产，她把怀孕当成了感冒一样去治。

长大以后，了解了生殖健康知识的她才知道自己究竟错得有多么离谱。而她很可能再也不能当妈妈了。后来的事实也证明了她的猜测，当她终于踏进婚姻殿堂，当她想要得到一个可爱的宝宝时，被伤得千疮百孔的子宫再也不能承担它应有的功能。

那么，女孩子在性方面究竟应该怎么保护自己呢？

① 不但自己要勤洗澡，也要要求对方勤洗澡。他的个人卫生对你的身体健康的影响甚至大于对他自己的生殖器健康的影响。而各种妇科炎症一直是困扰女性的大敌，真心爱你的男人不可能连这点要求都做不到。

② 如果还不准备有孩子，就一定要采取避孕措施。女人头一胎最好不要堕胎，如果万不得已也不能超过两次，因为每一次堕胎都会造成子宫壁变薄。怀孕的后期，子宫会扩张很多倍，而一个薄如蝉翼的子宫如何承受足月的孩子？

③ 一般避孕方式有：短效避孕药、长效避孕药、避孕套、上环、结扎这几种。具体哪种最适合你，需要遵医嘱。

④ 不要相信不射在里面或算好安全期就不会怀孕的鬼话。只要没有安全的避孕措施，都有可能怀孕。

⑤ 万一不小心怀孕了，又暂时没有能力抚养；那么，即使堕胎也要找信得过的医院，绝不能找小诊所。堕胎事关生死，不可

不小心。

如果他不配合你怎么办呢？现在网络这么发达，随便搜一搜也能查到相关的信息，如果他不相信就用事实和道理去说服他。如果他爱你，自然会以你的健康为先。如果说道理也不能改变他，那么，这样一个不讲理又丝毫不为你和你们的将来考虑的男人，你要来有什么用呢？

爱情至少应该以生命为底线。

10. 有底线才能爱得更完美

底线，学术上的解释是："指人们在社会、经济生活中谈判双方讨价还价时心里可以承受或能够认可阈值的下限，或某项活动进行前设定的期望目标的最低目标和基本要求。"在爱情中，底线就是对方不能跨过的界线。

也许你会疑惑，爱一个人不是应该无条件地付出吗？为什么还要有底线？那么请问，如果你的另一半出轨，你还会无条件地付出吗？现在很多女孩心目中，出轨那就是爱情的底线，所以爱情不可能不需要底线。

但也有女孩不是这样，她们没有恋爱的时候也认同出轨是自己的底线，但事实上当真的面对出轨时，她们忘记了自己的底线，一退再退地将属于自己的领地通通让给男人。这不仅没有换回男人的良知和爱，往往还加剧了男人对她的轻视和不以为意。

秋雨就是一个这样的女人。

秋雨的丈夫被秋雨伺候得很好，早上醒来一睁眼就有可口的早餐等着自己，晚上回家有热饭热菜、干干净净的家迎接自己。你可别以为秋雨是全职主妇，她自己也是有工作的。但为了小家，秋雨放弃了数次升职机会，一直老老实实地呆在基层岗位上，忙而快乐着。

在公公婆婆眼里，秋雨无疑是完美的，但在丈夫眼里就未必，那一年丈夫出轨了。发现丈夫出轨的还是秋雨的哥哥，哥哥告诉她说看到妹夫和一个年轻女子亲密地走在一起，以为是亲戚。可秋雨知道丈夫家里没有这样的亲戚。秋雨敏感地明白，丈夫出轨了。

开头几天秋雨寻死觅活，言必称自己为家付出多少，为何会得到这样的结局。丈夫先是不承认，实在抵赖不过去又说只是一时兴起，玩玩而已；到后来闹得不可收拾，秋雨甚至带着哥哥姐姐们上门堵了丈夫和小三。被秋雨一直当成神一样供着的丈夫大觉丢脸，铁了心肠要和秋雨离婚。

虽然现在观念开放了，但很多女人仍觉得离婚是耻辱。她们害怕以后没有人要，害怕会被人瞧不起，她们像害怕结婚后面对未知的公婆一样，害怕离婚后面对未知的独自一个人的人生。

这可怎么办？丈夫铁了心，公婆虽然喜欢秋雨但却无能为力，朋友们都同情她，而哥哥姐姐们则鼓动着秋雨，说："这样狼心狗肺的男人你还要来干什么？"

可秋雨一想到离婚就害怕得无以复加，于是她放弃追究丈夫的出轨之责，放下颜面，她低声下气地到小三那里赔礼道歉，低声下气地求丈夫回家。

想想也知道，这样的委曲求全无论如何也不可能换回丈夫的心。虽然丈夫回了家，但结果却是变本加厉的出轨。因为他知道了秋雨的底线——离婚。只要不离婚，丈夫做什么秋雨都能忍。那他为啥一定要离婚呢？同时拥有秋雨的贤惠和情人的妩媚，这简直是求都求不来的好事。

丈夫的快意在于他摸索到了秋雨的底线，而秋雨的失败则是没能早点明白自己的底线。

如果秋雨明白自己害怕离婚，那么在丈夫初出轨之时就不应该带着家人去围堵他，让他难堪，导致将自己最后的底线完全地暴露出来。

哀其不幸，怒其不争。如果秋雨能在底线暴露之前用智慧解决出轨之事，必然不会活得像现在这样没有尊严；如果秋雨能在底线暴露之后为了自己的尊严而战，那就算是独身一个人生活也绝对比现在这样没有尊严的生活更加愉快。

每个人都会有自己的底线，超过了会承受不了。但有的人的底线太低，有的人的底线就太高。秋雨的事情谁也劝不了，因为她承受不了离婚的代价，即使那代价看起来是那么的少，而好处是那么的多。

女孩，当引以为戒！

Chapter 

爱在当下

五　爱情诺曼底

1．爱情狩猎第一步

爱情是一场男人与女人的较量，谁都可以是猎人，谁也都可能是猎物。无论是胜者还是败者，最后都会得到整个春天，也将失去整片森林。怎么打好人生这场关键的战役？且跟我看下来。

女人喜欢买香水，她们迷恋于分辨香水的前味、中味和后味，她们喜欢从这种区别中探索新奇和隐秘的快感。男人何尝不是如此？

商场免费赠送一杯水和一瓶饮料，你只能二选一，如果你不是很渴，肯定会选择饮料，白开水哪里都有得喝，饮料则是需要花钱的；那么，在内涵丰富又神秘的女人和一眼就看透的白开水似的女人之间，男人必然也会选择前者。

想要做神秘的女人，首先要有绝对的自信。习惯依附于别人的女人即使开头再神秘，最后也会变成白开水。

神秘的女人不可以把感情完全寄托在男人身上，这可不是让你脚踩两只船，而是说，你要学会自己的感情自己负责。你不可以让对方知道你没有他不行，你要确认自己就算没有男人也能过得很好。如果你做不到这一点，如果你让男人拿住你没有他就活不下去的把柄，那你就等着被他当成猴耍吧，因为他手中所握的，是拴住你咽喉的命脉。

神秘的女人即使步入婚姻也永远不会把自己的前尘过往如实交代，如果他是个严于律己的男人，他必然不能忍受自己的爱人曾经的放纵；如果他是个刺探私隐的爱好者，对前尘往事的叙述会让他非常兴奋，而这种兴奋会让你难堪至极。

神秘的女人要保持对方对自己的不确定性，要让对方知道你很爱他，同时又让他知道爱情不是你的全部。当他对你的爱不确定的时候，他会一心一意地追求你；而你时不时表现出来的对他的爱，也是一种鼓励，不至于让他灰心失望。而当他连一个女人都没搞定的时候，也不会再有精力去追求别的女人。

神秘的女人偶尔会吃醋，但不会经常哭泣。琼瑶剧里那种哭得梨花带雨、我见犹怜的女人，是被千挑万选出来的，很怀疑那样会哭的女人是不是都去拍琼瑶电视剧了，否则为什么我们生活中的女人哭起来一把鼻涕一把泪，是那么难看呢？因此，想让对方不厌恶你，就不要哭得这么难看了，微笑是女人最基本的化妆品。

说到哭泣，除非你确实痛彻心扉，否则就不要放任自己想怎么哭就怎么哭，因为那很难看。如果只是想引起对方的同情，那么眼中含泪是哭的最高境界。大长今被指定为王的妃子时，遇到旧日同事向她道贺，她本是淡漠的眼睛突然间泪光莹莹，她的眼泪没有流下来，看客的眼泪哗地就流下来了。

没有任何台词，没有任何表情，只是一双眼睛从没有眼泪到充满眼泪的过程而已，感动了数不清的男人女人。想起了那句话：“为什么我的眼里常含泪水？因为我对这土地爱得深沉。”换到爱情关系里，为什么你的眼中满含热泪？因为你爱他爱得深沉。这样隐忍的悲伤是对心房最有力的摧毁，习惯保护弱者的男人怎么可能不被打动?

2. 爱情狩猎第二步

除了做个神秘的让人不能一眼看穿的女人之外，你同时也要学会做一个善于沟通的女人。好的沟通技巧能让你在职场无往而不利，同样也能让你情场所向披靡。工作中我见过许多不会沟通的人，他们本想摆低姿态来得到别人的认可，可往往因为沟通技巧的缺乏结果适得其反。

以下几点建议送给恋爱中的你。

① 不可固执己见

沟通本就是两个不同的人的不同观点进行碰撞和融合，只坚持自己的标准，完全不接受别人的观点就没什么可沟通的了。况且，感情的事情有时很难说清楚对与错。

② 指责也有技巧

“你为什么不打我电话？”“你怎么还不回来啊？”“这都说过多少遍了？”这样的疑问中带着指责的语气如何不让人反感？一次两次对方不会有意见，数十年如一日，难保不生出嫌隙来。

换个说法，如：“你昨天没打我电话，我好想你！”“你答应我九点回来的，到现在还没回来，我很担心你！”“亲爱的，我不是复读机，每天说同样的话我很累呢！”第一句话，既委婉地表达了对对方的指责，又表达了对他的深情，对方如何不感动？第二句话，在指责对方不守时的同时，又表达了自己对对方的关心，对方听了感动愧疚都来不及，哪里还会生埋怨？第三句话，以俏皮的话语表达出自己的感受，让对方心情愉悦地接受你的建议。

指责本来就很让人厌烦，当你不得不指出别人缺点的时候，愉快的方式更容易产生效果。

如果女人习惯了指责，而学不会技巧地沟通，生活真的可能会变糟。

小菲的男友喜欢抽烟。开始的时候，男友一抽烟小菲就会表现出强烈的反感，要么要求男友不抽烟，要么就指责男友故意和自己作对。时间长了男友由开始的不好意思变为厌烦，认为小菲管得太宽，太娇气，自己就算在家里都没有自由。为此两人可没少吵架。

后来小菲改变了策略。当男友抽烟时，小菲用俏皮的口吻道："亲爱的，我不是蚊子。"

男友奇怪道："怎么了？"

小菲为难地道："我快被你熏死了！"

男友一愣，然后大笑几声，立刻掐灭了烟头。后来这个就成了两人的小甜蜜。当男友不小心在小菲面前抽烟时，小菲就学蚊子叫，男友立刻心领神会。两人的感情也更加融洽了。

③ 命令或威压只会适得其反

多数男人喜欢权势喜欢控制，有的女人也有较强的控制欲，因此说起话来总是不自觉地带着命令的口吻。家庭生活是人生的第二战场，如果在家庭中习惯听从命令的男人到职场上也会失去主见，没有主见的男人如何会有前途？而有主见的男人必然会和同样有主见、强烈的你争吵不休。

习惯用命令的口吻去要求别人的姑娘们，以后你只需试着在要求后加上“好不好”三个字，意义立刻就会改变，争吵也会变少。平时比较严肃的姑娘们学会在爱人面前撒撒娇，必定事半功倍。

④ 切忌把观点强加于人

人总喜欢自己高人一等，不自觉地喜欢通过压低别人来抬高自己。比如：“你早就应该知道这样是不对的”，“这样看上去太难看了”，“你也是专业人士，怎么会做出这样愚蠢的事情来？”

听到这样的话，你是不是感到很不耐烦？是的，人和人是不同的，对于同一件事，有的人觉得好，有的人觉得坏，切忌将自己的感觉强加在别人身上然后得出似乎“你是故意造成现在让我不满意的局面”的结论。这样的暗示是肯定不会让人愉快的。

对某件事有不同看法，你可以用下列语句提出想法：“我觉得这里应该……你觉得呢？”“这样看来似乎不太……你可不可以帮我改一下？”“这事情太让我惊讶了，我觉得这样做可能会更好。”

沟通意味着两个平等的人在交流，不应该把自己的意识强加在别人身上。

⑤ 就事论事，不要“歪楼”

在沟通中男人喜欢就事论事，而女人往往容易由于情绪的主导而彻底“歪楼”。

你们有没有发现，本来是讨论到哪个餐厅就餐，最后往往会变成谁付出得更多的辩论；本来只是在研究去哪里度假的问题，结果就变成了谁对谁更真心的争论，甚至讨论国家大事也可以变成争论前天晚上谁多洗了一次碗。

“歪楼”无处不在，但这绝不利于沟通，最后不过是旧有的问题没有解决，新的问题又层出不穷，显然这会累死你。

3．先看透他，别急着爱上

如前文所言，有的女孩相信爱情天长地久，而有的女孩信奉曾经拥有就已足够。如果你是相信天长地久的人，那么，你注定就在感情方面脆弱些。如何让你的感情之花顺利怒放呢？爱上他之前的考察是必不可少的。

如芳经人介绍认识了大刚，但她其实并不知道自己需要一份什么样的爱情。在她眼里，恋爱的目标就是结婚。大刚看起来稳重，各方面条件也不错，正是适合自己的人选呀。

此时的如芳正沉醉在对未来美好生活的憧憬之中，完全把大刚想象成了自己理想中的那个男人，因此全身心地投入到和大刚的恋爱之中。

可是大刚并不是她想象中的那个人，他长相不错，工作也的确好，但他有一个毛病——嗜酒。嗜酒可不是什么好习惯。刚开始时大刚还自律着不敢喝酒，待到将如芳顺利骗到手后，本性就露出来了。

一天，如芳如往常般在家中收拾打扫，突听门被擂得巨响，大刚模糊的叫喊声从外面传进来，如芳赶忙扔下扫帚去开门。

门一打开，迎面扑来浑浊的酒臭味，喝得醉醺醺的大刚站在门口摇摇晃晃的怒喝道："臭娘们，开个门都要这么久，你在家里偷偷摸摸干什么呢？"话音未落，不由分说地将如芳推开就往里闯。如芳尚未明白大祸将要临头，她急忙上前拦住醉醺醺的大刚道："别着急，我正打扫呢，你把鞋换了再进去。"

大刚大怒："老子换了鞋，你就刚好可以把奸夫藏起来吗？滚你个臭娘们……"说着一把将如芳推开，大刚醉了，下手没轻没重的。这一推将如芳直接推倒在地，她的腰恰恰撞在了茶几角上，疼得如芳冷汗直冒，一句话都说不出来。

大刚里外转了两圈，并未看到他臆想中的奸夫，满含不甘的他看到躺在地上的如芳顿时怒火中烧，上去照着背就是两脚。喝醉了的人哪里有什么轻重？如芳腰上刚刚缓过劲来，背上又挨了两下，她"啊"的一声惨叫道："大刚，你疯了吗？"

大刚醉眼迷茫地笑道："我疯了？你竟敢骂我疯了？"话毕不由分说地提着拳头上前狂揍。如芳弱女子一个，哪里是他的对手，只有哭泣求饶的份。

揍了许久，大刚大概是揍累了，自己脱了鞋上床呼呼大睡。被揍得眼青脸肿、鼻子流血、全身疼痛的如芳完全不知道自己为什么会挨了这么一顿打，哀哀地趴在地上痛哭不已。

趁大刚睡觉的时候，如芳收拾了衣服连夜跑到同学家躲了起来。同学看到如芳的伤，气得直劝如芳分手算了。如芳心里却有些犹豫，也许是处女情节，也许是对大刚还抱有幻想。大刚清醒后一认错，如芳就心软地跟着大刚回家了。

醉酒的人通常都不受自己理智的控制，那时的行为更接近人的本性潜意识。有的人醉酒后只会睡觉，有的人醉酒后会胡说八道，而有的人醉酒后就是打人泄愤。通常醉酒时的状态不会因为理智时的决定而改变，喜欢打人的人，有一就会有二，有二就会有三。如果如芳性子强硬点就此分手，也就不会有后来受的罪了。

如芳轻易地跟大刚回了家，这让大刚无形中明白打骂如芳的代价是如此的低廉，他更加肆无忌惮地喝酒打骂，而如芳一次一次地忍受，一次一次地原谅；可没想到忍受和原谅换来的不是大刚的怜爱而是更加的变本加厉。最后，一次大刚打完如芳躺在床上呼呼大睡，如芳实在受不了这样的生活，竟然将睡梦中的大刚杀死。

如芳也许太渴望有一个人相爱了，对大刚还没完全了解就轻易地将自己交给了对方。就算把自己交给对方也不是什么不得了的大事，现代社会观念开放，天涯何处无芳草呢？即使真的运气不好，自己单过也没人会说什么。可如芳却对没有人爱的世界充满了惧怕，甚至甚于怕大刚的拳头，也甚于怕杀死大刚的罪名。真是，哀其不幸，怒其不争。

姑娘们在谈恋爱之前一定要了解对方是个什么样的人，通过他的朋友和同事了解他的优点和缺点。更重要的是，你要了解自己，明白自己能付出什么，不能付出什么，当你付出时要考虑这样的付出如果没有收获，或者收获不理想，你能否全身而退。如果这些都没弄明白就轻涉情场，那不好意思，你还是祈祷自己能获得上帝的垂青吧！如果这世界真的有上帝。

4. 第一次约会

不知道你是否还记得小时候写的第一篇作文，如果你还记得，应该也会和我一样微微笑起来。因为那题目必然和我这一节的题目一样，都是“第一次×××”。从第一次穿衣、第一次做饭到第一次约会，女孩从童年走到成年，穿越18年的风风雨雨，你将独立走上自己的人生道路。这个时候，无论是保护你的父母还是感情深厚的朋友，谁也无法帮助你，也不可能告诉你什么样的第一次约会才是正确的。甚至有些女孩干脆躲在屋里大呼：“约会神马的太讨厌啦！”

是啊，真讨厌，穿什么衣服，梳什么头发，涂什么口红，甚至说什么话题，要不要少吃点饭，要不要装装淑女都是很讨厌的问题。如果两人是因为学习工作而认识，平时也经常见面，这样的约会烦恼还少点，若是网络认识后第一次现实见面，或者是相亲见面，那就真的愁煞姑娘们了。

来吧，看看小薇的第一次约会秘籍。

① 服装

穿什么衣服这可是约会的头等大事，既不可太过暴露，也不可太土。太暴露让人觉得轻浮，太土当然就没有吸引力。那么选择什么样的衣服最好呢？首先，适合的就是最好的。其次，在不知道对方喜好的前提下，一定要选择比较中规中矩的，不一定要做到一鸣惊人，但一定要做到不让人反感。

② 面貌

化不化妆这是个问题。如果你平时并不化妆，那此时也别化。化得不好还不如不化呢。如果你平时经常化妆，你可以化个自然妆，千万不要搞个浓妆艳抹。注意，这是第一次约会，而美丽矜持的女人是大部分男人对女人的期待。除非你想搞砸，否则就不要玩个性。

③ 约会地点选择

如果对方比较绅士的话，会邀请女士来选择。如果对方没有做出这样的邀请，那说明对方要么是一个马马虎虎、不在意细节的人，要么就是个大男子主义者。

不过大多数女孩为了表现嫁鸡随鸡、嫁狗随狗的温柔体贴，一般会说："你安排就好了，我吃什么都可以的。"毕竟客气是中国这个礼仪之邦的优良传统。除非你想给人家留下一个没教养的印象，否则就不要强烈要求去某个地方了，毕竟你是去看人的，不是真的去吃饭的。

④ 吃饭注意事项

吃饭是约会中很重要的一个节目。如果你们的约会节目单上没有吃饭这一项，你就要小心了，对方要不就是只想和你玩玩，不想投入太多；要不就是太抠门了。不论哪一点都不是一个好男人应该做的。当然也不排除有的男人确实很忙，约会就是见一面，一点节目也没有。但大多数真正想投入一段感情的男人，他们再忙，再没有经验，再不会追女孩子，他也会向周围人请教怎么去追一个女孩。周围的人必然会告诉他——请女孩吃饭。如果他不知道这一点也就间接证明了他没有用心来追求你。

另外，吃饭在中国人的日常生活中占有很重要的成分。从吃饭这件事我们可以看出对方许许多多的背景资料。

a. 选择的地点

如果他职位普通却选择很贵的饭馆，要么他对你真的很认真，要么就是太好面子。还有一种可能是为了骗你，但这种人不会让你知道他的工作很普通。

工作不错但选择很便宜的饭馆，要么他很抠门，要么他对你没有那么认真。

如果吃饭的地点附近有电影院，并且吃完后你们看电影了，说明对方是一个务实的人。

如果吃饭的地点附近有歌剧院，并且吃完后你们听了歌剧，说明对方对自己自视甚高。

如果吃完饭后又去很远的地方进行第二项节目，很遗憾，对方不是一个逻辑性很强的男人。

b. 点菜的速度和内容

点菜的速度意味着对方对这个餐厅的熟悉程度，越快表示越熟悉，越慢就表示很少或从没来过。点菜的时候让你先点是绅士，不让你点就自己决定的男人很霸道。

c. 吃相

吃相是所受家庭教育决定的，家教好的人不会没有吃相。吃相很差的男人坚决不能要，这不仅意味着你今后一生都将与呼噜呼噜的吃饭声为伴，同时也意味着你必须接受一大家子的呼噜呼噜声，而这样不懂克制自己的家庭矛盾也容易多。

d. 饭后的娱乐

吃完饭就回家的男人是没有情趣的；吃完饭后带你去迪厅的男人是不值得信任的；吃完饭后带你去喝酒的男人是危险的；吃完饭

后带你去压马路的小男人是单纯的，老男人是可耻的。

⑤ 回家注意事项

第一次约会不要让对方知道你家的确切位置，以免日后不必要的麻烦。

⑥ 约定下次见面时间

一般第一次约会不会马上就确定交往，有感觉的先留下电话号码，以后常联系；没有感觉的当然就没必要问电话了。如果感觉特别好的话，不妨在告别的时候就约好下次约会的时间、地点，就算对方对你感觉一般的他也不太好意思马上拒绝你。于是你又增加了一次机会。千万不要想反正我也有他的电话号码，以后再约也是一样的。一是因为第一次约会后女方按捺不住先约对方会有被看轻之嫌；二是因为如果对方对你感觉一般，在电话里拒绝你很容易做到，但当面拒绝就需要勇气了。

5．你是备用胎吗

妍敏是公务员，可以说是个各方面条件都不错的女生。可是最近她的感情却出现了问题。

妍敏跟我谈起这个话题时，温柔的双眉缀满了忧愁。她说：“他为什么从来都不带我参加他朋友的聚会？每次打电话给他，不是开会就是出差。他想找我，随时都能找到，可我想找他，他总是不方便。最过份的是，有一次我看到他的车就在前方开过，我很高兴地打电话叫他停一下搭搭我，结果他跟我说他在出差。小薇，你说，他为什么要骗我？”

妍敏是个很温柔的人，温柔的人大多都很长情。看着妍敏充满期待的眼神，我知道，她想让我告诉她他是有苦衷的。可是很不幸，我不得不点醒这个傻女人，“你只是他的备胎而已。”

汽车行走上万里，说不上什么时候、在哪里就突然碰到根钉子，于是轮胎就“嘭”的一声爆掉了，爱情也是。相谈数年，已至谈婚论嫁，对方突然反悔，另一方欲哭无泪。这时谁来替自己收拾朋友亲戚的烂摊子，谁来成全自己被甩的面子？

对于不自信的或者年纪大了急着结婚的男女来说，有一个备用的人就站在身边不远处，多好。不远，随时可以从备用转正；不近，不影响自己和正胎的交往，不清楚自己的真实情况，当正胎修成正果时，备胎随时随地都可以丢弃，也不伤筋动骨。这样的情况也俗称脚踩两只船。不同的是，你只是随时可以丢弃的那一个。

当然，有备胎的男女并非都是不自信或年纪大了急着结婚。有的是为了证明自己的魅力，有的是纯粹喜欢玩暧昧游戏。有的人自以为自己魅力无双、备胎无数，却不晓得自己在别人那里却是连备胎也算不上；而有的人懵懵懂懂间就由备胎升正胎，或正胎降备胎。

那么我们怎么知道自己是不是备胎呢？只要细心，总是能发现蛛丝马迹的。

他从来不带你进入他的社交圈子？

他从来不带你去见父母？

打他电话，不是在忙就是待会儿再说。待会儿就一定会是在一个很安静的环境再打给你？

他明明在A市却骗你在B市？

你们甜蜜约会却从来没有谈到过结婚？

以上几点只要有一点，很不幸，你就是他的备胎。

如果发现他把你当备胎，你怎么办？

方案一：当机立断。

严敏虽然温柔长情，但几经思量后最终还是决定和他分手。一年后，她终于寻得那个值得托付一生的人修成了正果。

方案二：努力表现争取升级成为正胎。

如果实在舍不得他，舍不得这段感情，那就只有努力表现得到他的认可，然后升级成为他的正胎。这也不乏先例。

兰芷和昊力本是公司同事，两人的感情开始于一次公司聚会后酒精燃烧的一夜激情。兰芷清楚地知道自己在昊力心中只是一个备胎而已，当然，昊力本身也没有正胎，他是一个不婚主义者。

兰芷当初年纪小又爱玩，并未把昊力当成自己最终的结婚对象，可谁知两人这一凑就凑合了三四年。随着兰芷年龄的增大，父母催婚的旨意增加，她开始把结婚这件本来从未想过的事情放到了心头，而与自己“凑合”了三四年、颇为默契的昊力自然是首选。

但是怎样让一个不婚主义的男人与自己结婚？这可苦恼了兰芷。

6. 爱情与心机

台湾某节目里曾说到一个名词“心机妆”，大意就是参加约会或聚会前根据要参加的场合化合适的妆，利用一切道具把自身的缺点掩盖，把最完美的自己呈现在别人面前。

在我们十五六岁时看到的言情小说里，所有的女主角都是纯天然小白兔圣母教人士，因为她天真活泼没有心机，所以得到男主角的青睐，最终嫁入豪门，幸福一生。而书中所有的女配角全都心机深沉，利用一切手段给男女主角搞破坏，迷惑男主，制造误会，离间感情。而这有心机的恶毒女配角的下场通常凄惨无比。

于是，自然而然的，天真小女孩就认为自己要像女主角那样单纯无害再加上点小迷糊，才会被男友心疼怜爱，然后乖乖被领回家当成祖宗供着。不要笑，这世上真有这样的女孩子，连小说主角最爱有的毛病——迷路也学个十成十。但是，真的是这样的吗？

抛开小女孩五光十色的幻想，当我们走入社会的那一刻，人生就已经不再单纯。眼看着宫斗宅斗小说里才有的种种桥段不间断地在身边一一上演，每一个从象牙塔里出来的单纯柔软善良的“小白兔”慢慢百炼成钢，最终修成万年“白骨精”。

如果连生存都需要心机无数，那么爱情怎么可以不用一点点心机呢？当然，单纯的感情谁都喜欢也想拥有，但当对方不是单纯之人时，我们便要向那出得厅堂、入得厨房、斗得过小三、打得过色狼的标准看齐，方才不会输了人生又输了自己。

上一节说到兰芷把昊力的位置由同居男友转换为可以结婚的对象。可以她对昊力多年的了解看来，他是个不喜欢受约束的人。且在自己的交际圈里，昊力年纪相当，薪资颇丰，工作能力突出，上升空间很大。因此，作为结婚对象以及自己将来孩子的父亲来说，无论从相貌、身高、智力、财力哪方面来看，他都是优秀的。兰芷并不想轻易放弃这样一个近水楼台先得月的机会。

那怎样让昊力心甘情愿地接受自己呢?

所谓知己知彼百战不殆，兰芷旁敲侧击后得知昊力之所以不愿意结婚与童年经历有很大关系。昊力出生在破裂的家庭，从小耳濡目染的就是父母的争吵和抱怨，因此对婚姻相当之抵触。前几任女友都是在谈及婚嫁之后，突然感情破裂然后分手。

兰芷开始的时候也对自己的打算颇有些不确定，担心触到昊力的逆鳞，不但没成其好事，反而还破坏现在的气氛。但机会总是给有心人准备的，正在这时，昊力来自家庭的成婚压力也随着年龄的增长而空前巨大起来。

年底，又到了回家过节的时候。每年兰芷和昊力都是分别回家，今年本来也不应该例外。但兰芷发现，昊力接了一个电话后，愁容满面。

“怎么了？”兰芷端着昊力最爱的咖啡，温柔地依在昊力身边认真地看着他。

“老妈又叫我回家相亲。”昊力声音中满是无奈。

聪明的兰芷知道自己机会来了，不紧不慢地说：“又吵架啦？真是不孝。”

“什么就我不孝？我就是不想结婚怎么了？有罪吗？”昊力怒了。

兰芷不紧不慢地点了点昊力的鼻子，调皮地一笑：“这就恼了？这要放以前，不孝有三，无后为大呢！”

“这都什么年代了？”昊力很吃兰芷这一套，往往在温柔俏皮的她面前就是生不起气来。

“老人家身体最重要，现在你妈年纪也大了，你可别把老人气出个好歹来。”

昊力听到这里就不言语了，大概经历了是气坏老妈还是气坏自己的思想斗争后，挤出一句：“那总不能委屈自己吧。”

“笨！你就不会委婉一点吗？”

“怎么委婉？”

兰芷这才把自己的计划慢慢地说给昊力听。“反正咱们这样住在一起也三四年了，你就拿我去应付一下喽。”

昊力怀疑地看着兰芷，兰芷大眼一瞪道：“事先说好哦，我妈也催我带男朋友回去，这个任务可就交给你了。就算你不带我回去，你也要帮我完成这个任务，可不许赖。就看在我天天给你做好吃的份上，怎么样？”

就这样，兰芷又是耍赖又是威胁，而昊力也考虑到老妈那前所未有的坚决态度，不由得有些心动了。

回家的过程一切都很顺利，兰芷温柔大方，昊力沉稳有礼。只是在昊力家时，两个已经离异的老人家在如何才是对未来媳妇更好的问题上产生了比较严重的分歧，甚至发展到了怒目而视。虽然没有大打出手，但兰芷看得出来，若不是因为自己在场，说不定真会上演个全武行。

而在兰芷家却正好相反，其乐融融的家庭场景，以及兰芷时不时讲的家庭小趣事，常常叫昊力动容。当然这里少不了兰芷刻意的成分，但最终兰芷看得出来，昊力是真的喜欢上自己家里的那种氛围。也许，那正是昊力童年时也曾渴望过的生活。

过完年兰芷以闪电般的速度与昊力扯了张结婚证，昊力晕晕乎乎地就成了兰芷的法定老公。兰芷知道，对于不想结婚的人来说，拖的时间越长，变数就越多，若是其中一方快刀斩乱麻，另一方也就顺其自然了。

在兰芷看来，自己只是因势利导，将有利于自己的东西充分地发挥了一下而已。但以有心算无心，胜算多半是大点的。若是碰上了千年难遇的大好姻缘，在社会道德允许的范围内使一点无伤大雅的小动作又如何呢？乖乖等爱情自己上门终归是件不太靠谱的事情呀！

7．怎样的品质让他离不开你

爱上了一个人，总会希望这种感情能够一直持续下去没有终点。所以姑娘们总会问一个同样的问题：究竟怎么样能够一劳永逸地让他永远离不开我呢？

事实上没有哪两个人是永远在一起，一刻也不分离的。人与人在一起的时间长了，自然而然就有了感情。但有些人的感情不足以维系较长时间的分离，而有的人，即使和爱人在一起的时间很短，却会用一生来回忆。

这里我们不讨论怎么让人用一生来回忆你，这种机会是可遇不可求的。但我们可以讨论怎么样让你爱的男人舍不得离开你。

① 聪明

一个聪明的女人不一定懂得男人的全部，但一定懂进退。给男人需要的东西才能换来自己需要的。

② 让他为你骄傲

想想自己为什么喜欢英俊的男友，为什么喜欢事业成功的男友，为什么男友不英俊、事业不成功的话，基本都不想和男友一起出去应酬？这一切都是因为英俊的、事业成功的男友让自己有面子。相反，男人也喜欢让自己有面子的女友。或者你长得漂亮，或者你特别听话，或者你菜做得好吃，这都会让他感觉到骄傲。

③ 给他面子

男人是好面子的动物，在外面不妨给他面子，处处以他为先，就算有分歧回家关起门来再秋后算账，千万不要在外面驳他面子；再体贴温柔的男人也会为了一文不值的面子而勃然大怒，像变了一个人一样。只要在外面充分地尊重他、给他面子，回家他就会回报你足够的里子。

④ 不和他的母亲较真

聪明的女人从来不认为婆媳关系是个问题，谈恋爱是与男人谈，不是与他的父母谈。妈妈始终只是妈妈，你才是他未来的终身伴侣。无论与婆婆有什么样的分歧，首先应该做的不是攻击她，而是寻求男友的支持。把你与婆婆的矛盾转变为男友与婆婆的矛盾，而母子间又有什么矛盾可言？轻而易举就化解了。

⑤ 在他身上留下抹不去的痕迹

这个痕迹可不是要在皮肤上面刺青，就算是刺青也可以被洗掉，这个痕迹是指一份深入骨髓的记忆。比如有人趁爱人觉得特别幸福的时候在爱人的肩头用力咬上牙印，虽然牙印两天就消失了，但这样深入骨髓的疼痛以及伴随疼痛的心理快感，让人觉得痛又甜密，令人难忘。

⑥ 为娘家花钱不必让他全部知道

给娘家花钱和给婆家花钱都是天经地义的，不必要让他全都知道，但也不能完全不知道。让他知道是因为他有责任照顾你家人的生活，不让他全部知道是为了避免花得太多引起他不满。但这样做的前提是你要有自己的收入来源，否则花钱太多又不告诉他，矛盾会变得更大。

做一个幸福的女人不是那么简单的事情，但做好以上几条，你的人生将大变样。

8．爱情冷暴力PK热暴力

下面我要说一个冷淡的女人、一个彪悍的女人和一个幸福的女人的故事。

青看起来是个很温柔的女人，说话永远都是细声细气的，同事做了得罪她的事也从来都是一笑了之，并不生气。可是实际上，她是个气性很重的人，这点只有男友海知道。

这天海由于被领导训斥，下班晚了半小时，他知道今天不好过了。他立刻火急火燎地赶到青上班的地方，远远地青看到海，她轻轻地一皱眉，冷淡的眼神往夏海身上一扫，夏海像是寒冬腊月里被人浇了一盆冰碴子，从头到脚地冷。那样的眼神，只要扫你一眼，你就会知道什么是生不如死，什么是悔不当初。

海讨好地朝青笑，刚开口说了句："被领导留下来晚了。"青就高扬着头，像是没看到他一样与他擦身而过。整个过程没有说一句话，却是直接把比训斥更令人压抑的责难砸在了海头上。

冷战开始了。回到家，海小心翼翼地给青挂衣、做饭、开电视、拿手纸，事无巨细照顾得体贴周到。青不说话，想用就用，不想用就拍开他的手。同时好像要刺激他一样，给同事开心地打电话，电话中热情得不得了，而这热情就像团火苗蹭蹭地燃烧着海的内心。他猛地扔了手里的东西，发出震天的响声，喊："不就是接你接晚了吗，你够了吧，还要闹到什么时候？"

青到这时才正眼看了他一眼，那一眼里全无感情，只剩冰冷。青平静地挂了电话，起身，回屋，关门上锁……

青对付矛盾的办法就是冷，冷冷地把你当团空气。这样的人可能永远和你吵不起来，但也可能会把你冻成万年寒冰。

与青相反，瑜是个热情开朗的女生。吵起架来简直不遗余力，绝不会忍气吞声。这天瑜又跟我诉苦，说自己被男朋友打了，还给我看她的伤：左脸肿了，鼻子还在流血，腰上青了一大块。

我生平最恨打女人的男人，怒问："这都是第几次了，你怎么还能忍得下这口气？"

瑜满不在乎地道："薇姐你放心，他也没啥好果子吃。"

我嗤道："你个女人不过就是打打掐掐，就跟给他们男人挠痒痒似的，能有什么杀伤力？你这样子下去可不行。”

“谁说是挠痒痒了？”张瑜得意洋洋地跟我炫耀。“我打青了他一只眼睛，踢了他下体，痛得他趴地上都站不起来。我还抓下了他的一把头发，头皮都抓下来了一块。”

我的头皮瞬间也麻了，这是怎样彪悍的女人啊，和男人对打不说，居然还招招致命，甚至连头皮都抓下来了。这样的女人，你敢要吗？

朵和瑜、青都不一样。朵和男友洋也经常吵架，甚至有时候还会打架，但他们的打和吵与瑜的打和吵完全是两种风景。

就说这天，朵和洋又吵架了，最初是为了电视剧里一个主角是好是坏的问题争论了两下，后又牵扯到两人工作生活中的价值观取向，公说公有理，婆说婆有理，说不清道理就上演全武行。

虽然两人吵得很生气，可打起来都不敢真出力伤了对方，不过难免还是会有意外。朵掐完洋手，往后一缩就要逃，正好洋向前一倾要追，朵的手刚好就打在了洋的眼睛上。洋立马捂着眼睛不动了。朵心里一下子慌了，虽知道刚才那一下不会有很严重的问题，但到底还是心疼洋的。

她强撑着面子不去看洋，可耳朵竖了起来全在听那边的动静。洋闷哼了一会儿，慢慢地把头抬了起来，摇了摇头，似乎没什么问题，然后回屋睡觉了。

朵刚刚升起的愧疚又被气愤代替了。两人一个屋里一个屋外僵持着，谁也不给谁台阶下。半小时后，朵见洋还是一点反应都没有，气呼呼地冲到卧室里，结果看到洋竟然一个人睡着了。这下她更生气啦，拿了枕头就往洋身上拍。

洋其实是在装睡，他和朵一样都想找个台阶来和好，但是又碍着面子不愿意主动认错，于是回屋装睡。睡了半小时，晋洋心里的气也平了。看那傻丫头像小孩子一样用枕头打自己，他怎么看怎么觉得可爱，扑上去一把抱住她的腰喊道："打吧，打死我吧！"

朵的气其实也消得差不多了，见洋这样说，扑哧就笑了出来。再也打不下去了，两人自然就和好了。

再想起刚刚不小心打到洋眼睛的事，朵心里可后悔了，要是不小心打瞎了咋办？朵不是不讲理的人，于是她主动跟洋道歉说刚刚不是故意的，并保证以后一定小心注意。洋哪能不知道呢，当然不会计较。但朵的主动道歉还是感动了他，这证明朵即使是在吵架的时候也是心疼自己的。他时常和朋友感叹道：有妻如此夫复何求？

两个人在一起，哪会没有闹矛盾的时候呢？冷淡可以避免双方争吵，可是却会寒了对方的心，也不利于沟通。小打小闹可以增进感情，但若是不管不顾地下狠手打架，哪里还有爱情的容身之地？要懂得吵架的学问，善于通过吵架将心里话说出来与对方进行沟通，还要善于给对方台阶下，这样的生活、这样的爱情才叫人心生向往呀！

9. 为什么坏女人却能得到好男人

我们身边总有这样或那样的例子告诉你，乖巧、贤惠的好女人往往难以得到好下场，而泼辣、自我的坏女人身边却环绕着数

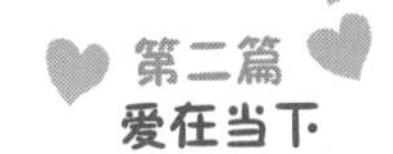

不清的优良品种。

要想知道坏女人的秘密，不妨先看看坏女人的特征。

①不确定性

坏女人最常说的一句话是“男人是不能惯的”。许多在外面偷腥的男人，在家里都是被妻子伺候惯了的，他们高涨的征服欲得不到宣泄的出口，于是在婚外寻找情人来宣泄。妻子是伺候自己的、没有挑战性的，是稳定的；情人是麻烦的、需要伺候的，是不确定的。

②总是享受，很少付出

也许在家里他们从来没做过一顿饭，在外面他们却能洗手做汤给情人吃；也许在家里从来没做过一件家务，但在外面却把情人伺候得跟个太后似的。慢慢地，好女人也同意“男人真不能惯着”，你越惯还越出毛病了。如果你让他伺候你、照顾你，当感情不如意的时候，分手成本也增加了。他会想：“我付出这么多才得到的爱情，轻易失去，值不值得？”若然相反，他们则会像丢掉一件垃圾一样丢弃你，因为完全没有付出成本，失去根本不可惜。

③美丽

好女人总是把家里打扫得干干净净漂漂亮亮，坏女人总是把自己打扮得干干净净漂漂亮亮。家庭的美丽温馨的确能增加男人对家的归属感，但如果只顾着打扫房子忘记打扮自己，那男人就会对你失去新鲜感。黄脸婆怎么和美丽的妖精斗？

④开朗

能吸引男人的坏女人都是开朗的，她们快乐的笑容正是男人沉重工作之余的一抹亮点。如果每天回家都看到一张死板、冷漠的脸，那将是多么地令人绝望？好女人，即使你的性格有点内向，也要记得让自己多笑笑哦！

⑤ 敢爱敢恨

坏女人几乎都是敢爱敢恨的，她们有着男人般的勇气，不会做委身于人的菟丝花，她们把自己当成泰山顶上的青松，生命的韧性让她们就算是在刚劲的冷风中也一样傲立。男人如何能不欣赏这样坚强独立的女子？

⑥ 有心机

有一种坏女人，坏得很彻底。她们拥有他人不具备的心机和手腕，她们常常利用自身的表情、动作、语气等操纵着男人的心理。一时靠近，让他如沐春风；一时远离，让他心痒难耐。

⑦ 神秘感

坏女人从来不会是让人一眼望穿的白开水，她们的秘密像脱衣舞娘身上那层永远也脱不干净的舞衣，保护着她们看不透的内心，也吸引男人不断前往探秘。

⑧ 不轻易给予

坏女人也不会一味地只是索取，偶尔也会给予，以便上钩的青蛙王子不会因为太过失望而跑掉。但她们也不会轻易就给予他想要的，因为只有当礼物突然出现时才会有惊喜。如果每年的礼物都放在同样的地方，有着同样的内容，相信不出三年他就会厌倦了。

为什么坏女人轻易地就得到了好男人，为什么好女人却总被坏男人折磨？请相信一句话：“男人是被女人塑造出来的。”是你的过度付出养成了男人的懒习惯；是你的不求回报导致了男人失去对你付出的机会；是你的过于稳定让男人失去了努力维持感情的兴趣；是你的过于直白让男人失去了探索的动力。

在责怪别人前先看到自己的问题，然后才可能根除问题，如果只是外部环境变了，自己不去改变，你永远也不可能找到好男人。

最后，一个不守规则的坏女人往往容易挑起男人的征服欲望，而神秘感、不确定性等都是引诱男人征服的药引。女人，无论你是好是坏，请把自己的内心打扮成为藏宝迷宫，让男人在你的迷宫里惊叹、赞赏，并且永远也找不到尽头。

10．爱情不能AA制

玉婷是个独立干练的小女人，她长相甜美，性格宽厚，工作业绩突出，为人也很仗义，本应是极受欢迎的那类女人。可不知为何，年近30岁仍然没找到那个愿意与自己长相厮守的如意郎君。她身上仿佛带着魔咒一般，每段感情都撑不到三个月。一次次的恋爱和分手，玉婷始终不知道自己的问题出在哪里，直到有一次，一个即将离去的男友点醒了她，“玉婷，你哪里都好，但是我实在不能和你产生相伴终生的亲密感。相恋三个月来，你始终都是那个独立美好的玉婷，却不是我理想中的那个妻。”

玉婷辗转反侧，思量再三，终于明白问题原来是出在了自己的价值观上。近代以来，西方新潮思想强烈地冲击着古老中国大地上的男男女女，不知从什么时候开始，玉婷也立志要做一个坚强独立的新时代女性，绝不向传统女性看齐。为此玉婷努力读书，出国深造。当看到西方家庭常常在经济方面丁是丁卯是卯，分得很清楚时，玉婷认为这就是女性经济独立的真正含义了。谈恋爱后，每次约会她都会坚持AA制，绝不占男友一丝便宜。玉婷觉得这能证明自己是个独立、正直、视金钱如粪土的女性，她以为这样会让男友更欣赏自己。也许这很符合西方人的观点，但却与东方文明的价值观产生了重大的分歧。

在国人根深蒂固的观念里，国是由家组成的，家是由人组成的。家人之间也许相爱相亲，也许相煎太急，但只要是一家人，不论多大风雨、多大矛盾都有着割不断的血脉亲情。这种看不见摸不着的情感真真实实地操纵着国人的行为习惯。

男女恋爱的终极目标是组成一个温暖的家庭，一家人哪里还能彼此分个清清楚楚？而过于疏远的计算方式，不仅计算了金钱，同时也计算了感情。金钱勉强还能分个你我，热恋中人的感情如何可能算得清楚？坚持这样的经济独立就像是在恋人头上浇了盆凉水，自然得不到恋人的支持和欣赏了。

同时，我想到最近几年很流行的一句话，“你的就是我的，我的还是我的。”这种近乎于霸道的爱情宣言也许粗看太过任性和刁蛮，可是往往恋爱中的人却很吃这一套。究其原因，无非是“一家人不说两家话”，把你的看成是我的，这才是中国人习惯并接受的恋人相处方式。

女性经济独立的内容虽然被玉婷误解了，但其本身的意义还是很值得推崇的。而在中国，比经济独立更重要的是——离开那个人，你也可以活得很滋润。

六　爱情扫雷

1. 背面相夫，当面教子

爱情是一场战役，只有通过重重考验的勇士才能最终登上峰顶。而在这过程中，我们难免会遇到各种各样的问题。

雨婷是个爽利的姑娘，爱说爱笑爱打爱闹，每次听到她叽叽喳喳的声音都让人觉得生活充满生机。可是雨婷的男友言理却不这么认为。

雨婷和言理在一起三年了。开始小两口还甜甜蜜蜜、如胶似膝，可是最近雨婷觉得言理对自己越来越不在意了，有时候一出差就是好几天完全没有音讯。雨婷怀疑言理喜欢上别人了。经过一段时间的调查，雨婷始终没有掌握言理出轨的证据，但又感觉到他离自己越来越远，仿佛随时要消失一般。雨婷不爱那哭哭啼啼的小女人样，于是干脆和言理摊牌。

“你最近怎么了？一天到晚不见人影。你老实说，是不是喜欢上别人了？”雨婷在言理的朋友涛家拦住正要出门的言理。“你又瞎想什么呢？”言理很不耐烦，甩开雨婷的手就要出门。

雨婷好不容易抓住他，怎能让他就这样轻易走掉，只得放下面子，堵了门嚷道：“你今天必须把话和我说清楚。你到底还想不想和我过了？你要不想过了，我雨婷也不是那种要死要活的人。只要你一句话，我绝不会缠着你。”

言理大觉丢人，低声喝了句：“疯子！”

“你骂我什么？有本事你再骂一句？”

“骂你又怎么了？疯子，疯子，疯婆娘！”

雨婷扑到言理身上伸手就挠，张口就咬。言理疼得哇哇大叫，又不敢真上手打雨婷，她那娇小的个子哪挨得了自己的蛮力？光是躲闪又躲不过手脚灵活的雨婷，于是落了下风。

涛听到声音出来，赶忙上前把两人拉开。雨婷乘机又踩了言理两脚。言理看到涛在，面子上过不去，怒道：“疯子，疯婆娘。要分就分，我再也不要见到你这样的疯婆娘！”

这下把雨婷给气坏了，她最恨也是最怕别人骂自己疯婆娘，偏偏言理一而再地提起，她尖叫一声又要扑过去，被眼疾手快的涛一把拦了下来。涛急道：“你们俩干什么呢？还上不上班了？你们不上班也不要在我家门口丢人。要打要骂进来再说。”

雨婷和言理互相狠狠地瞪着对方，考虑到这是在人家家门口，现在又是人来人往的上班时间，这才跟着涛进了屋。进屋后，雨婷张嘴就开始数落言理，把自己这段时间的不满都发泄了出来，言理感到面上无光，也直骂雨婷疯婆子。两人再次一言不合打在了一起。

事后反省，雨婷觉得那天的言理完全像个自己不认识的人。言理一直知道雨婷的雷区，“疯婆子”这样的词是绝对不会轻易骂出口的。但不知为什么，那天的言理竟然当着涛的面连续骂了她十余次疯婆子，雨婷的震惊和羞耻可想而知。

其实这事很好理解，言理当着外人涛的面骂雨婷，她会有气疯了的感觉；同样的，更好面子的言理在听到她当着涛的面责骂自己时，只会更加愤怒。雨婷不知不觉间犯了一个大错。

“相夫教子”是传统文化对女性的要求之一，有人在这句话中各加了四个字，于是成了“背面相夫，当面教子”。意思是教育孩子要当着别人的面教，而说教丈夫时，则要背着外人的面。

教子那部分先不说，“背面相夫”的含义不难理解。虽然现在讲究男女平等了，但在日常生活中，一家之主的男人往往还是站在主心骨的位置上，因此男人对面子也看得很重。如果只是在家里说教，无论谁对谁错，男人都可以为了哄女人开心而承认错误。可是在外人面前，为了维护男人的尊严，无论你的说教有理没理，他都一定要把你说成是错的，否则就会感觉颜面无存。其实这并不是男人的专利，成年人无论男女都是如此，雨婷需要理解和接受这种普遍现象，并学会有什么问题回家再说。这才是恋爱和睦的基础。

在外面给恋人足够的面子，回家了，恋人才会给你足够的里子。

2．他有红颜……

若馨与昱永刚相处的时候就知道他有个红颜知己，因为昱永说红颜知己曾给他出过不少主意来追求若馨，此时的若馨对这个红颜抱有很大的善意和好感。

可随着交往的深入，若馨渐渐觉得之前的那点善意和好感慢慢地变了味。她常常会猜测昱永与那个素未谋面的红颜究竟是种什么关系，这世界上真的会有纯洁的男女关系吗？为什么昱永从来不带自己去见她，为什么有时候有些重要的事情甚至他会想先让她知道，而不是作为女朋友的自己？

怀疑的种子被种下就再也挥之不去，每当吵架时若馨都忍不住想，那个她是不是从来不会和他吵架？是不是比自己体贴大度、温柔善良？她还会想，那个她在他心中究竟是个什么样的位置？

有一次两人吵得很厉害，甚至把分手都提上了议程。分开数日后，若馨开始想念昱永，一会儿想他也是同样地想念自己，只是不好意思先认错；一会儿又想他会不会正和那个红颜聊得火热，根本就没想起过自己。

嫉妒像猫的爪子挠啊挠，挠得若馨心里那叫一个难受。最后若馨做了个决定，给昱永发了短信。

不过是一个普通的笑话短信，但这是想要和好的信号，昱永的电话立刻打了过来。两人在电话里冰释前嫌，若馨一刻不停地去了昱永的住处。一番温存之后，若馨趁热打铁聊起了昱永的红颜知已。

“你怎么从来都不带我去见她呀？”若馨问。

昱永心不在焉地道：“怎么见，我都还没见过呢。”

若馨奇道：“你都没见过？”

昱永不置可否地“嗯”了一声，若馨不依。“你跟我说说呗，你们是怎么认识的呀？”

昱永愣了片刻，像是想起了不好的事情，好看的眉皱在一起半天没松开。若馨的心紧张地提到了嗓子眼。昱永想了一会，摇摇

头道，“这有什么好说的？不过就是网上聊天就认识了。”

原来还是网友，真没见过面吗？若馨心思略转，道：“你们平时都聊什么呀？”

“没什么，都是些琐事。”

昱永说得越普通，若馨就越觉得神秘，娇嗔着非要看他们的聊天记录。昱永被闹得没法，就打开QQ任若馨看。

若馨先是看了近几日的，聊天的内容天南海北啥都有，远到美国的奥巴马，近到中国的股市、房市都有涉及。那个红颜言语间常常揶揄昱永，甚至还拿这次他们闹分手和昱永打赌，赌昱永和自己半个月内必定复合，赌注是一粒金米。若馨算算日子，果然，连一个星期都没过两人就和好了，她倒吸一口气问昱永：“这个赌你输了，你真要给她一粒金米？”

昱永哈哈大笑：“这开玩笑的话你也信，笑死我了。”

若馨略略放了心，又翻到昱永与自己刚刚认识时的记录。看到红颜果然与昱永说的一样为他追自己出了不少主意，许多主意若馨光是看看就很动心，可惜昱永一个也没用过。

“她给你出了这么多主意，你怎么一个都没用过呀？”若馨装作不经意地问。昱永嗤笑：“我这么有魅力的人，还用得着用那些东西吗？”

若馨没心思计较这个，又把记录往前翻，只翻到一年前就没有了记录。“怎么没了？”

“电脑重装，没存下。”

若馨虽然放下了一点心，但想到昱永一提到与红颜的相识就皱起的眉，心里就不怎么舒服，他肯定有什么事瞒着自己。于是若馨不动声色地把红颜的QQ号记了下来，过几天加为好友。

想来想去，若馨都没有办法不说身份就探听到红颜与昱永的真实关系。于是自报了身份，红颜很热情，但不愿意和若馨谈起昱永的过去。经过若馨一番保证，绝不让昱永知道，她才松了口。

原来昱永与红颜刚认识时还与前女友在一起。当时昱永与前女友闹分手闹得特厉害，昱永心里难受，是红颜帮他度过了那段日子。红颜说："可能就是这个原因，昱永和我才成为真正的朋友。你就不要瞎想了，他只是把我当成兄弟。而且，我们永远都不可能见面。"

若馨见自己的小心思都被红颜看出来，很是汗颜。听说他们永远不可能见面，若馨又好奇起来。"为什么呀，我还想结婚的时候请你来喝喜酒呢！"

"昱永的大男子主义思想比较严重，他把你当成自己的女人，所以有什么烦恼都不想让你知道让你担心，更重要的是，他不想在你面前显得没有那么优秀。但是，只要是人都会有烦恼和需要倾诉的时候，而我就是他倒情绪垃圾的垃圾桶。正因为没有见过面，他才能放心大胆地倒垃圾。"

红颜发来一个奸笑的表情，"如果见了面，他就得另找一个没见过面的倒了。"

听到这，若馨终于彻底放下心来。虽然若馨对昱永不愿意让自己分担那些情绪垃圾有些不爽，但联系昱永平时的表现，这倒很符合他的性格。从此就把这事放下。

就像红颜说的那样，男人大多都有点大男子主义，他们总想在女友面前表现自己神勇无畏的一面，那软弱卑微的一面只愿留

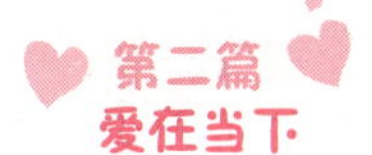

给朋友或陌生人。每个男人都需要这么一个或几个朋友，这些朋友或许是男人或许是女人，男人是兄弟，女人就是红颜。也许有些男人以寻红颜之名而行寻情人之实，可并不是所有的男人都是如此。只要他能把握好与红颜之间的交往分寸，并不隐瞒你，就没什么好担心的。

3．你的蓝颜

像很多男人有红颜一样，女人有时也会有几个蓝颜。或者是你从小一起长大的朋友，或者是对你特别好的亲人，还可能是有相同爱好的同道。当男友与你争吵、与你冷战的时候，他会帮你分析男人在这件事上是怎么想的，你们究竟谁对谁错。一番分析之后，你或许就豁然开朗，哦，原来只是个误会而已呀。然后重归男友怀抱，两人感情更加如胶似漆。

可是你的男友也许不这么看。

男人具有一切雄性动物的秉性：护窝、好斗。你就是他需要保护的领地，为了你他不惜与你身边所有的男人为敌。如果你身边围绕了太多蓝颜，也许追求你的男人就会望而却步，因为他们会觉得挑战太大，过程太艰难。

有一次陪一个女孩去相亲，女孩长得很漂亮，男孩谈吐也不俗，当时双方都觉得很满意。可是没过多久她就告诉我吹了。问她为什么，她说有次带对方去了自己的乐队，他看到乐队里竟然只有她自己一个女孩子，就强烈要求她退出乐队。唱歌是她的爱好，她当然不会放弃，于是只能放弃他。

女人的蓝颜与男人的红颜一样，是恋人的天敌。但有些蓝颜确实与自己有着深厚的感情，同时也不可能发展成为恋情。如何让这两种感情融洽相处，这需要一点智慧。

前面提过的那个女孩叫燕，燕吸取了上回的教训，第二次恋爱的时候她只告诉男友自己参加了一个乐队，并不急着带男友去乐队参观。等半年后感情稳定了，燕才带着男友见了自己的乐队朋友。

看着三个人高马大的男人围在娇小的燕周围，男友颇不是滋味，燕却给了他一个惊喜。燕说："我从来没有为你唱过歌，今天我唱给你听，好不好？"

然后娇小的燕站到主唱的位置，在乐队的伴奏下唱了一首深情的《甜蜜蜜》，一边唱一边专注地望着男友，任谁都能看出燕心里的情意。男友被这一首歌融化了，既是为这绝美的，不应该埋没的嗓音，也是为了燕在三个队友面前表现出的对自己的深情厚意。这样的深情厚意让男友无形中有种将燕的蓝颜通通比下去的感觉。

这次男友没有跑掉，而是高调地以拥抱的方式宣布了对自己的"所有权"。虽然蓝颜们真的没有相争高下的意思，但男友却大大地满足了自己的虚荣心。

第一仗赢了，不代表就完全安全了。有太多蓝颜的女人总是会让男人们有种不安定感。甚至传统的人会觉得这样的女孩子太花心太爱玩，就像有太多红颜的男人一样。这就需要女人更多地把心放在男友身上，并从举止上与蓝颜划清界限。

我见过一个女孩，与自己的表哥是从小一起长大的好朋友、好兄妹。因为从小就在一起，举止在外人看来颇有些暧昧。比如会很亲近地挽着手逛街，会互相喂东西吃，甚至还会拥抱。这些都是情人间才应该做的事情，他们因为从小这样做习惯了，一点不觉得这有什么不对。可在外人看来就完全不是这么回事，这也就难怪她的男友会误会、会吃醋。不误会、不吃醋才是不正常呢。同样，如果你的男人与红颜之间有这样的举止，不用怀疑赶紧误会吧，再不误会就晚啦！

其实，女人的蓝颜与男人的红颜还是有些不一样。女人是感性动物，男人是理性动物。太多蓝颜的女人有80%的可能只爱一个男人，与其他蓝颜都只是好朋友；而太多红颜的男人则像歌里唱的那样："你究竟有几个好妹妹？"终归女人的蓝颜不会比男人的红颜更凶猛。

无论男女，若真的爱自己的他（她），就不会让他（她）为了蓝颜或红颜而困扰；而应该用自己的行动告诉他（她），你——才是我唯一的至爱。

4．爱情与兄弟

如果说蓝颜与红颜是情人的天敌，那么兄弟是女人的夙敌。

网上曾流行这么一句话："女人如衣服，兄弟如手足。"意思是说女人可以随便换，兄弟却是不能换。后来又有人回敬了一段更有才的话："都说女人如衣服，兄弟如手足，只见过断手断脚的，没见过不穿衣服的。"

从这两句话就能隐隐看出女人与兄弟之间的战争。

与蓝颜和红颜不同，兄弟是一种正常的社会交往，女人几乎没有权利和能力去阻止这种交往。但是男人的大男子主义又让女人不舒服，诸如："我们男人在一起，你个女人掺和什么？""都是大男人，你个女人去不好。""我和兄弟喝个酒就回来，你别无理取闹。"

听吧，为他洗衣做饭，为他添被暖床，到头来连个名不见经传的兄弟都比自己重要。叫女人情何以堪?

霞的男友风就是这样一个男人。若有兄弟要来，霞须得提前两个小时开始准备丰盛的饭菜；兄弟电话到了，就算霞生着病，风二话不说就走了。霞的心越来越凉，她想，也许在他的心里，她就是一个免费保姆吧，还是能倒贴钱的那种。

一次霞的肠痉挛犯了，上吐下泻肚抽筋，痛得她直在床上打滚。风出门买药，回来把药往霞面前一推说了句："兄弟找我有事，你自己吃吧。"连杯水都没给霞倒就走了。霞痛得起都起不来，根本没法倒水。好不容易忍到那波疼痛过去，霞赶紧吃了药，可心里愈加苍凉，要与这样的男人在一起吗？恐怕只要兄弟有事，随时随地都会抛下自己吧。

痛定思痛，霞提出分手。风很不理解："两人好好的，你又发什么神经?"

霞把风为了兄弟丢下自己的事一桩桩、一件件说出来，风道："我还当是什么事，这点小事你也要斤斤计较。只听说过为了男人的女性朋友分手的，没听说过还有为男性朋友分手的。你真是小心眼。"

霞更郁闷了，赌气道："我小心眼，你跟他们大心眼过一辈子吧！”

分手后，霞着实过了几天安生日子，不用洗衣、不用拖地、不用收拾被风弄乱的家。可是午夜梦回总觉得枕旁少了点什么东西。加上风一天一个电话，两天出现一次，又是接下班又是送花的，霞心里有些动摇了。

女人总是这样容易心软，不过几天时间，霞就忘记了风为兄弟委屈自己的事情，慢慢开始怀念起风的好来。霞问我：“小薇，你说风这么爱我，这次我如果再和他和好，他会改吗？”

我问：“你吃饭咬了颗石头，你会再也不吃饭吗？”

霞不知何意，摇摇头：“饭当然要吃。”

“嗯，他当然也不会改了。”

“为什么？”

“这就是本性啊！女人如衣服，兄弟如手足，脱了衣服他会觉得羞耻，但没了手足他会更不方便吧。”

霞欲言又止，好半天才低声道：“其实他的兄弟也帮了我们不少忙的。上回我爸妈家里装修，就是他兄弟包的工程，都没有收钱。”

我笑道：“对啊，对兄弟好并不一味只有坏处。人与人的交往总是有来有回的。在家靠父母，出门靠朋友。风朋友多，并不是坏事，你只是介意他总把你排在最末位而已。”

“嗯，如果他能多想想我，多尊重我一点，其实也是个很好的人。”

“所以，好好跟他说说你的心情，不要只是争吵。教他从你的角度体会，会有不同结果的。”

后来霞与风和好如初，再遇到时，霞幸福地笑着说："现在风好多了，出门前都会问过我的意思。我也知道他的性格，如果不是有更重要的事，就不拦着他。"

我取笑道："看来你现在过得挺幸福呀！"

霞羞涩地红了脸。

在爱情与兄弟之间，其实并不是条无法跨越的鸿沟，需要的只是双方的尊重、理解与沟通。

5. 不要把分手当成口头禅

生活中很多女孩都有这样的问题，喜欢把"分手"当成无往不利的口头禅，每当吵架的时候只要祭出"分手"这个法宝，必然能让对方乖乖臣服。不论有没有理，不论是非对错，对方都会为了不分手而赔礼道歉。这大大地满足了女孩的虚荣心，感觉男人被自己牢牢地抓在了手心里，任自己搓圆揉扁。

可是再有效的紧箍咒也会有失效的时候，一再用分手逼迫男友的女孩在对方真的说"好"时，你该怎么办？

致礼终于被女友亮亮经常挂在嘴边的"分手"伤透了心，当亮亮不知第几千次说出"你再这样我们就分手"的话时，致礼冷冷地看着亮亮道："你真的想好了？"亮亮愣了愣，心里有些打鼓，但一贯欺负致礼的亮亮直觉地认为这是致礼在耍诈，他应该不舍得分手，于是亮亮继续硬犟道："没错。"致礼点了点头，说了个"好"字，转身离开了。

亮亮懵了，不明白致礼这是什么意思。接下来连着十天没收到致礼的电话、短信或QQ留言，致礼像是完全从亮亮的生活里消失了一样。亮亮每每想到致礼临走时那冷冷的眼神，心中就不安，随着时间一天天地过去，这种不安越来越强烈，第十天她终于按捺不住给致礼打了电话："喂！"

"在，什么事？"致礼的声音很冷淡。

"你这几天干什么呢？都不给我电话！"亮亮装作很理直气壮的样子，但声音明显底气不足。

"我认为分手了就不需要再通电话了。"致礼的声音一点起伏也没有，平静得像一汪水。

"这就分手了？这就分手了？这么多年感情你说分就分了？"亮亮傻了，这还真的分手了？

"首先，分手是你提出来的，我只是同意而已。其次，你已经无数次提出要分手了，我觉得你可能有更好的去处，我不打算绊住你寻找幸福的脚步。"

亮亮彻底词穷了，致礼这样突然的转变她完全适应不了。挂了电话后亮亮哭了一晚，第二天顶着肿得像桃子般的眼睛来问我。

我听完亮亮的讲述后只有两个字奉送——"活该"。谎话说一百遍就成了真的，分手暗示一千遍也会变成真的。本来致礼还觉得分手是件不可忍受的事情，亮亮坚持不断地给致礼针对分手进行心理学脱敏训练，直到致礼终于不再害怕分手了。这是不是很讽刺？

争吵其实就是一个沟通的过程。亮亮的问题在于对待争执时过于强势，导致她听不得致礼的不同意见，因此企图用"分手"来绑架致礼，让他无条件地臣服于自己。这的确有效防止了亮亮听到相反的意见，但同时也封闭了她和致礼之间那道沟通的心门。沟通的目的是让对方了解自己，同时也了解对方。争吵就是通过比较激烈的方法将平时不太好说出口的事情说出来让对方了解。始终要记得，争吵不是情绪发泄，争吵只是提供了一个比较放松的心理环境，不用顾虑太多，可以随意表达。

喜欢用分手来威胁致礼，其实也表露了亮亮内心里不自信的一面，她不太相信自己能通过讲道理说服致礼，又因为致礼的一次次退让，亮亮就像发现母亲会因为自己的哭泣而退让的小孩一般，紧紧地抓住这条“金科玉律”做救命的草绳。

那么，现在亮亮应该怎么办呢？亮亮其实并不是真的想和致礼分手，因为赌气而分手是不理智的。此时，亮亮首先应该弄明白自己为什么会老把“分手”当做口头禅，承认自己不善于用说服的方式和致礼沟通，并将这一点告之致礼。然后把最后一次说“分手”时所争论的内容心平气和地说出来（实在说不出来可以用写的方式），分析当时想了些什么，理由是什么，尽量做到公平有理。

在致礼这一方面，同意分手也是需要勇气的。他心里未必对这段感情没有留恋，只是因为一次次感受“分手”的威胁，他未免会觉得这场爱中自己是没有尊严的。不论有理没理、理直理亏都要请求你原谅，次数多了尊严受损就难免冲动。同时，总是把“分手”挂嘴边让他感觉亮亮对自己的爱意太少，或者可能根本就不爱他。萌生退意就是自然而然的事情。

所以最后亮亮要做的事情就是表达自己的爱意，让致礼知道亮亮其实是爱着他的，修复致礼因为被数次伤害而寒冷的心。

6. 适当的争吵是感情的润滑剂

上一节说到，争吵就是通过比较激烈的方法将平时不太好说出口的事情说出来让对方了解。可能有人会觉得不可思议。吵吵吵，把感情都吵没了，该说的不该说的，这一吵起来就像倒豆子一样倒了出来，我都恨不得不要吵，你还鼓励我们吵？

世上不存在意见完全相同的两个人。从来不吵架的人不是因为性格合适、步调协调，而是双方都把自己对对方不满的地方忍了下来憋进心里，其实不满的地方从来没有消化，反而是堆进了心里慢慢蚕食爱情。忍耐并不能帮助化解问题，只是在等待时间反弹而已。

我鼓励从未吵过架的情侣吵吵架，但我也请经常吵架的情侣仔细想想自己每次吵架得到了什么、失去了什么。一般人吵架的最后结果不外乎三种：互相或单方面的辱骂；关紧心门，闭口不言；愤而离去。

有朋友说，每当吵架时双方都会很激动，激动就容易偏激，偏激就会伤害对方。往往吵完后就会觉得好难过、好后悔，要是当时不吵的话就好了，不吵就不会说那么多伤害对方的话。

好了，我要问，吵归吵，为什么吵架一定要伤害对方呢？这究竟是吵架的问题，还是我们自身的问题？

一般吵架有两种方式，一种是情绪争吵，一种是理性争吵。情绪争吵是恋人中最常见的方式。一个外人要是去给正在吵架的恋人劝架，往往自己也会被陷进去，最后劝架的也变成吵架的，这就是情绪争吵的影响。

情绪争吵中最容易激化矛盾的几种情况。

① 人身攻击

比如吵架就吵架，但有的人总喜欢升级到人身攻击，如："你就会和我吵，有本事你就多赚点钱，在女朋友面前耍威风算什么男子汉？"这是对尊严的攻击，本来你们也许只是因为不同的消费观念有了争执，却莫名其妙地上升到对尊严的攻击。这句话的意思反过来解释就是："只要你赚足够多的钱，你说什么我都承认是对的。"赚钱多就能为所欲为，赚钱少就要时常遭受奚落，这是正常的价值观吗？

② 侮辱

还有一种人吵到激烈处喜欢用侮辱性的词语，如："不喜欢就滚，再找个也绝不比你差。"这种人往往是在恋爱关系中经济地位比另一半高的男性。他们内心总认为自己挣的钱比女性多，或自以为个人条件不错，于是争吵时就忍不住流露出他们内心深处对对方的鄙夷。如果你不是这么想的就千万不要说这样的话，这太伤人心了，比把分手挂在嘴边更恶劣。

③ 攻击对方父母

"你妈怎么那样啊！"中国话真的很神奇，两个字"那样"就表达出一种只可意会不可言传的鄙夷。再怎么样那也是对方的父母，只可尊敬不可侮辱，一旦侮辱就会带来不可挽回的芥蒂。

④ 以一件事而否定一切事

比如只是一次没做好某件事就说成："从来都没有做过……"一句话把对方从前所有的努力全部抹杀，如何叫人不恼？

⑤ 指责

比如习惯性地说："这也不做那也不做，你以为自己是大爷吗？"我很想问说这样话的朋友，说这种话有什么意思呢？既不能让对方按你的想法去做，也不能解决问题，反而会引起对方反感从而引发争吵，有必要吗？如果换个说法，"你这么疼我，应该帮我分担点家务对不对？我现在要做饭了，你牺牲两分钟看球的时间帮我打扫一下好吗？"说完后再撒撒娇，对方还能反感吗？这架还能吵得起来吗？

处理情侣间的问题与处理朋友问题、顾客问题是一样的，当朋友或顾客和你争吵的时候，你不可能说出太伤人心的话，因为他们是陌生人，你要维持自己的基本礼仪。但是对待亲近的人为什么反而就做不到呢？作为恋人，不能因为亲密关系就不照顾对方的情绪和心理状态，随意攻击和侮辱；不能因为亲密关系就认为对方应该无条件地宽容自己，自己却不宽容对方。

因此，影响恋人感情的是双方不理智的、攻击性的侮辱，而不是吵架本身。如果我们能够理智对待吵架，坚持就事论事、不升级、不牵扯父母朋友、不攻击和侮辱、有理有据、今日事今日毕、解决以后不在心里埋藏阴影的原则，那么争吵就是我们手中有利的沟通工具。如果再加上幽默的话语，将会对情人间的感情有更进一步的巩固作用。

因此，我们应该用理性争吵去达到沟通的目的，而不应该用情绪争吵去升级矛盾、伤害对方。

佛家说人有七恶："贪嗔痴恨爱恶欲。"每一个恶都是住在人心中的魔。情绪争吵不是人和人在争吵，而是人心中的魔在和另一个人心中的魔争吵，比的是谁更恶。如果我们不控制住自己心中的魔，放纵它给对方造成伤害，那么我们也将被其反噬。

7．为什么他总是看别的女人

就和男人总抱怨为什么女人这么喜欢逛街一样，女人也总抱怨为什么男人总是放着如花似玉的恋人不看而看别的女人？

我们且看看男人们是怎么看待这个问题的。

A：哦，看看都不许吗？

B：只是看看而已嘛，爱美之心人皆有之。

C：要求专情可以理解，但不能太专制。

D：男人看女人再正常不过了，他要是哪天不看了，你就要当心是不是有问题了。

E：不是吧？连看看都不许，男人变成智障女人才满意？

F：这样的女人真恐怖，占有一个男人不仅要占有他的身心，还要占有他的眼睛。

G：就算是遇到漂亮的小动物，也应该会看两眼吧。

H：你应该感到骄傲，至少他是坦荡地明着看，要是背着你看，你就要当心了，暗地里还不知道怎么样呢。

女人那边的回复不像男人这样一边倒，有的女人说：“这样的男人不能要。”而有的女人说：“看看也不要紧。”甚至还有女人说：“我比我家那位更喜欢看漂亮的女人，看看真没什么。”

由此可知，大部分人都觉得看看而已，没有什么。那么为什么有的女人觉得这是大事而有的女人则觉得这不值一提呢？

首先我们来看看，“他为什么总是看别的女人”这句话内都包含了什么样的潜台词。

① 他为什么不看我

“他为什么总是看别的女人”反过来说就是“他为什么不看我？”身边就站着他曾发誓要爱护一辈子的女人，为什么眼睛却看向别的女人？

可是我们来想象一下，一个男人什么事也不干，什么也不看，一路盯着你看，你会觉得他是用情至深还是智障？

② 难道别的女人比我还好看吗

这句话问到根上了，为什么不看我，难道我比她们难看吗？如果谁有勇气胆敢说女友难看，就准备好承受白雪公主故事中那个恶毒巫婆皇后的诅咒吧！

不过，还是那句话，你要一个整天只会盯着你看的“智障”有什么用？

③ 他那么喜欢看比我好看的女人，将来如果遇到大美女是否就要弃我而去

这句话是前几句引申而来的，不自信的女人总爱胡思乱想。我认识的一个女人，她长得很普通，学历也不高，但老公不仅英俊、高学历，收入也相当丰厚。这个女人每天乐此不疲地向别人展示她老公给她又买了什么名贵衣服、名贵手表，搞得朋友们都对她的炫耀敬而远之。

其实这一切都是源于她对自己的不自信。她不相信老公会爱这么平凡的她，所以她需要用名贵衣服、手表这些礼物来得到别人眼中“你老公真爱你啊”这样的肯定。对于这类不自信的女

人，爱人盯着别的美女看的行为完全就是在她不自信的心房捅上一把刀。为了家宅安宁，男人还是正经一点吧。

④他看美丽的女人代表他好色，好色的人容易出轨

女孩们要这样想，你们走在路上看到一个帅哥是否会想多看两眼呢？看两眼帅哥就代表好色，就代表你会出轨吗？

就算你对帅哥不感冒，你是否会为一件花裙子而驻足？如果这件花裙子的价格超出了你的承受能力，你是否就因此而不看了？

美丽的女人就是那件花裙子，出轨后被爱人发现的代价就是购买花裙子的价格，如果出轨的代价很低廉，男人就会去购买花裙子，如果代价高昂到他付不起，他就不会买。因此，男人会不会出轨完全在于被你发现后他要不要付出昂贵的代价，而不在于花裙子美不美丽。

⑤这么容易被美色诱惑，我怎么敢相信他

古人云“食、色，性也”，喜欢美丽的东西与吃饭一样自然，怎么能说是被美色诱惑呢？

⑥嫉妒、不自信

不许男人看其他女人，无非是嫉妒和不自信罢了。有时候男人只是对一个美的事物表示欣赏，但你越是不让看，男人就越是想要看，也许他就是想看你为他吃醋的样子，也许他就是想让你证明你爱他爱到疯狂地嫉妒。

解决这个问题有一个俏皮的办法是：你比他早一点看到美人。当你在他之前指着某个美女兴奋地说：“瞧，那个女人真漂亮。”然后对他觉得漂亮的其他女人进行惨无人道的打击，从此，他再也不会在你面前直勾勾地看别的女人了。

8. 女人来自金星，男人来自火星

电影《如果·爱》的结尾，孙纳坐在记者招待会的席位上肯定地说："那个故事我记得，他每次都会把地方弄错，那个地方是青海，青岛是没有理由的……"

《如果·爱》中，周迅饰演的孙纳是为了成名不择手段，内心却宛若孩童般脆弱的明星；张学友饰演的聂文则是将孙纳捧上明星地位的导演。无论孙纳与男主角林见东十年前的感情纠葛如何动人心魄，在这十年中，陪伴孙纳、帮助孙纳走上自己想走的道路的人是聂文，这是她生命中最重要的人。

可令人伤心的是，这十年的相伴也无法弥合两人的距离，青海——青岛，不过一字之差，却谬以千里。现实中的男女又何尝不是这样？

男人有健硕的体魄，女人有柔软的身段。

男人善于理性思考，女人擅长多愁善感。

男人讲话习惯有理有据，女人说话习惯掺杂情感。

所以男人认为女人胡搅蛮缠，女人认为男人不通情理。

举个相当普遍的例子吧。V上班归来对男友D大骂上司处事不公平，D听了问："他怎么了？"

V道："上司从我一到公司就看我不顺眼。"

"你怎么知道，你又不是他肚里的蛔虫。"

"我怎么不知道，他每天看别人都笑呵呵的，看到我就沉着脸。"

“你怎么知道他是不是在想什么事情所以严肃啊？我有时候想事情就不知不觉地严肃了。”

“他每天都要批评我。”

“他没批评别人吗？”

“……好像有，但批评我最厉害。”

“谁都会觉得自己被批评不爽，别人被批评就无所谓的。”

“你的意思是我不讲道理？”

“呃，没有。我的意思是，你也许误会了。”

“你根本就不懂我，我是那样的人吗？看他做的事就知道了。每天派给别人那么多任务，给我的就是打打字、扫扫地，这不就是看不起我吗？”

“我说你真奇怪，你上个月还说上司光给你任务，别人都在玩，是故意针对你；这个月任务少你怎么还有意见啊？”

……V语塞，半晌又道：“就说今天，今天本来事情都做完了可以下班，结果突然把上个星期的CASE发过来要求重做。当时他可是要求我加班加点做好急着用的，结果一个星期了还没用，现在又折腾我，这不是针对我是什么？”

“可能你上次没做好，也可能时间突然放缓了，这你也能生气，真是小气。”D不以为然。

V气坏了，拿起靠枕扔过去喊：“你还让不让我活了？在外面要受气，回到家里还要受你的气？”

D身手敏捷地躲过靠枕，也火了：“你自己不讲理还不许我给你讲讲理了？泼妇！”

“你骂我什么？！”

但男人若和女人发生争吵，那简直就是鸡同鸭讲。男人试图讲道理，可女人只需要情绪安抚。往往很多男人都对女朋友的无理取闹束手无策，其实让女人安静下来的方法很简单，紧紧地紧紧地抱住她，就可以了。

“泼妇！你不爽你辞职好了，你拿我撒什么气？”

D已经放弃了讲道理，而V已经变身成愤怒的火球。

同样的情形，如果男女的位置换过来就会截然不同。C男在公司受了气，回家一声不吭地坐在沙发上。A女回家心情很好，看到C男在家，便开心地扑上去唠唠叨叨说着一天中发生的事情。C男一边嗯嗯啊啊地应付着，一边神游天外，很快被A女发现了。

“你听没听我说话啊？”

“听了听了。”

“你都听啥了？”

“你说吃饭了。”

A怒了：“吃饭吃饭，你就知道吃饭！你不想过了你说，没人逼你和我过！”

“你讲不讲道理啊？我什么时候不想和你过了？”

“我说了这么多话，你根本一句都没听进去！”

“我烦着呢，别烦我！”

“你烦？我还烦呢！”

A和C一起变身火球。

女人和女人吵架，往往会以长江一去不复返之势迅速地从争吵的主题一路歪楼歪到对对方容貌、体重、家庭的攻击上；而男人和男人通常不吵架，如果要吵，最后往往会上升成肢体碰撞。

但男人若和女人发生争吵，那简直就是鸡同鸭讲。男人试图讲道理，可女人只需要情绪安抚。往往很多男人都对女朋友的无理取闹束手无策，其实让女人安静下来的方法很简单，紧紧地抱住她，就可以了。

天生体力上的不对等，注定女人挣脱不了男人的拥抱。又因为女人不具有对等的力量，所以女人会对男人的力量有着莫可名状的崇拜。一个来自所爱男人的拥抱会代表很多信息：他爱你，爱你爱到要用如此大的力量征服你；还是他爱你，他爱你而不忍心再和你吵下去；还是他爱你，他爱你所以用这样大的力量克制自己不和你争吵。

是不是很简单？简单到你都不敢相信这样就能让女人停下无意义的争吵。女人需要安抚、需要宠爱、需要力量，不需要道理明白、事实清楚；而男人理性地给女人摆事实、讲道理显然是达不到以上三点要求的。

女人和男人从来都不是一个星球的动物，因为相互吸引而走近，可又很可能因为彼此的不同而分离。

9．爱情保卫战，一时的成功OR一生的失败

因为男女观念的不同而引起争吵在中华大地上至少持续了数千年的时光。可以说自从地球上的物种分了男女，他们之间就存在着不同形式、不同内容的争吵。

从上节的例子中，我们可以理智地得到这样的推断：如果D男在女朋友V心情不好的时候不急着给她分析原因，而是静静地听她倾诉；如果C男不要觉得把工作上的不如意说出来是难堪的行为，而是向女友A诉诉苦，他们的争吵都不会发生。

女友们同样也有问题，如果V能告诉D“我只想要你安慰我

一下”；如果A能更了解和理解男友C一点，能在他不想说话的时候安静以待，那争吵同样不会发生。

虽然争吵是沟通中必不可少的环节，但争吵的意义不在于最后的结果谁输谁赢，而是在于通过争吵更了解对方、更了解自己，从而找到一种让双方都觉得愉快而舒适的相处模式。可是许多年轻的男女并不知道这一点。往往好胜心占了上风，一吵架就非得争出个对错输赢来。

感情就像是一个小金库，以最初的荷尔蒙为基础而建立的一个仓库，当你们为对方付出的时候，这是在存爱，把感情、感动、温暖存进小金库里；当你们争吵时，就是在提爱，往往需要存很久才能存满的爱，提一次就提走了大半。

聪明的女人会利用争吵来进行沟通，让对方明白自己需要的是什么，而不仅仅是让对方认输。年轻气盛的女孩们也许会说：“现在就让着他，以后结婚了还不知道怎么样呢！”

女孩们不是不聪明，但是错在了一个“让”字。她们从心底里不认为自己与男人是平等的，认为结婚后的女人就失掉了价值就不值得男人的宠爱和尊重，因此要在婚前为自己的权利、地位护航，借以保证婚后的地位。这也是许多女人痛苦的根源。即使女权运动过去很多年，女孩们还是会受到来自传统文化的冲击；即使她们经济独立，但根源于文化的自卑让她们迷失了方向。

最后，有几个吵架注意事项，望姑娘们能够重视，早日将自己摆在与男人平等的位置，才能赢得更多的尊重。

① 不可辱及对方父母。生养之恩岂敢忘？即使他与父母关系再差也是不会允许你随意侮辱的。你可以骂他，甚至打他，但是

对他的父母还是保持尊敬吧。

② 不可因一时气愤就做让对方丢脸的事来报复。尊重是相互的，你不尊重他，当然也就不会得到他的尊重。

③ 不要在公众场合吵架。男人是好面子的动物，如果周围没有人，他做小伏低把你当奶奶供起来都没有问题；但如果有人在场，你最好还是秋后再算账。

④ 尽量少寻求外援，矛盾最好内部消化。一般不到万不得已不可寻求外援帮助化解矛盾，这可能会引起更大的矛盾，或者变成埋入心底的刺无法拔除。

⑤ 当一方情绪失控的时候，另一方立刻离开现场，让双方都冷静下来。过一会儿再继续沟通。

⑥ 要明白为什么而吵。女生要控制自己的情绪，尽量理智地对待自己的情绪，当男友的安慰不到位的时候，你应该教对方如何安抚你，而不是指责他为什么“还是不懂”。好男人都是女人教出来的，如果某个男人非常善于安抚你，你要小心了，此男是被别的好女人教出来的。

⑦ 当日矛盾当日毕。不要拖到第二天，也不要存起来当成下次攻击对方的工具。

许多人虽然相爱，但吵起来的时候也真是要命。他们往往就是因为沟通的方式方法不对而导致双方遍体鳞伤。这样的爱情是可悲的，他们就像永远也不能抱团取暖的刺猬，明明渴望却永远也不能亲密无间。

10．好男人，可以造

许多女孩喜欢找成熟男人，并不仅仅是为了更好的物质条件、经济基础，她们很大程度上是真的被“老”男人吸引，甚至深深爱上“老”男人。是否“小三”暂且不论，这些老男人确实比较有人格魅力，沉稳成熟、体贴风趣。遇到了这样的男人，谁还能看上暴躁幼稚的毛头小伙子呢？

但是不知道你有没有发现，上了一定年纪，大概35岁以上的男人，大部分都是沉稳成熟、知识渊博、体贴风趣的。可是，他们也并不是生来就是这样的，就和你所认识的大多数20多岁的小伙子一样，他们青春年少的时候也一样是不懂情趣的愣头青。而他们优秀而有魅力的背后，都有着一个或几个女人的影子。好男人其实是女人改造出来的。好女孩不应该一看到这样或那样的缺点就放弃，而应该努力地将心爱的男孩改造成男人。

什么男人都可以改造吗？NO，以相爱为前提，以他有责任心为底线，我们只改造这样的男人。不然的话，难道你想为他人做嫁衣裳？

好了，改造的对象定下来了，你就可以开始行动了。

① 折磨

也许你会吓一跳，真的要“折磨”男人吗？折磨、折磨，其实重在一个“磨”字。只要功夫深，铁杵磨成针，他脾气再大，被你磨着磨着也成绕指柔了。不过需要注意的是，要把握好“磨”的节奏。如果他最近心情不好，或是突然对你的折磨反抗强烈，那么你不妨暂停折磨，给点甜头。打一个巴掌给一个甜枣这招，永远不会过时。

另外，他的原则性底线不要触碰。就像某位前辈所言，“如果想让他对你的爱意保持最大容量，别去碰那根最短的木板，聪明的女孩知道拣着那根最长的，但锯无妨。”

②感化

相对于男性强健的体魄，女性的力量在于心性的坚韧。再成功再强势的男人，也有心灵脆弱茫然的时候，如果你能成为他坚强的后盾、精神的支柱，在他失意时给他安慰和鼓励，快意时提醒他戒骄戒躁，相信这样的吸引比男欢女爱更能持久和永恒。

另外，如果你受委屈了，不妨夸大地表现出来。所谓会哭的孩子有奶吃，如果他爱你，必然会痛你所痛、苦你所苦，把他施加于你的痛苦放大百倍表现给他看，一定会让他痛定思痛、知错就改。很多女孩对待痛苦的办法不是说出来、表现出来，反而是憋着。自认为这样很伟大，但实际上却不利于双方的沟通。不让他知道你的痛苦，他怎么可能改呢？

③威逼

如果他爱你，必然会为了爱情而做出一些牺牲。你可以在某次占住道理的时候与之大闹一番，在这种大闹中让他彻底地认识到自己的错处，正视你的要求，从而改正。威逼过头容易引起对方反感，在使用的时候一定要把握好一个度，可以根据你对对方的了解，把握对方情绪变化的底线。有如撒网捕鱼，收网太早太晚都不好，太早收获达不到预期效果，太晚鱼儿就脱网喽。

七 “小三”时代，我们应该捍卫还是放弃

1．爱我，请先保护我

不知是从哪一年开始，“小三”开始变成“第三者”的通用名。这也许是因为第三者普遍都比婚恋关系中的双方年纪小；有可能因为“小三”与古时候的“小妾”功能近似；也有可能纯粹就是对第三者的蔑称。无论如何，自从这个词语出现，姑娘们都敏感地意识到“小三”的时代到来了。

打开任何一个热门网站的情感论坛，都可以看到关于“小三”的话题。有诉苦被小三破坏家庭的，有支招怎么对付小三的，甚至还有摇旗呐喊为小三正名的。凡此种种必吸引一帮宅女前往，不论是结婚的没结婚的谈恋爱的没谈恋爱的，七嘴八舌、明枪暗箭、你来我往，活生生一出折子戏。戏里的人伤筋动骨，戏外的人瓜子壳伴着唾沫横飞，要多热闹有多热闹。

不论节目有多精彩，每当参与者们关上电脑细细回味，品到的都是满满的苦涩。谁又能对自己坚定地说“我一生都不会遇到‘小三’”呢？

是的，小三已经成为悬在爱情头上的刀。那些不仅仅是一个个别人的故事，而是通过媒体、网络的无限放大已经成为每个女孩的噩梦。什么样的男人不容易出轨？什么样的爱情才能天长地久？或者，怎么样才能打败小三捍卫爱情？

为了这些让所有人都头疼的问题，有的女人疯狂地检查男人的行程，企图把男人完全禁锢在自己的手掌心里；有的女人自暴自弃，小三一来自动让位；还有的女人干脆不敢恋爱，得到后又被人夺走的恐惧感胜过了爱情的甜蜜。

爱情是人类最美好的感情，爱上一个人的那一瞬间所迸发的激情足以让一个白痴变成世界上最浪漫的诗人。而一旦你选择成为“小三”，那么你也就亵渎了这份感情。看到《山楂树之恋》以“史上最干净的爱情”做噱头吸引观众进入电影院时，我只能苦笑。连干净也能成为噱头，那么，这世界得有多么肮脏？

有人会不同意我上面这句话，不同意的人估计都是小三。因为她会认为自己的爱情是世界上最干净的、最无辜的，她会给我唱：“君生我未生，我生君已老，君恨我生迟，我恨君生早。”她会说：“你看，我们只恨相逢太晚，这不是我们的错。”

好吧，就算不是你的错，那是谁的错？终归不是相识相爱的时候连你在哪旮旯呆着都不知道的前任的错，你并没有在他身上打下你的专属烙印，你也没有在他们相爱相恋、海誓山盟、花前月下时跳出来该出手时就出手。在他们相爱的时候你什么也没有做，任由他们自由地、纯洁地相爱，现在你跳出来说你们这样的才是真爱，以前的都是错误。这算怎么回事？买东西还有个先来后到呢，不问自取是为贼，贼都做下了，还怕人骂？

我不否认现在的确有许多形形色色貌合神离的夫妻，他们要么是为了孩子着想，要么是为了财产，要么就是为了稳定的生活，虽然感情很淡了，但两人还是勉强在一起。

在这样的家庭，男人容易出轨也是正常的。但是姑娘哎，就算他的家庭真的有问题，你就能保证你们之间不会有问题？更何况他说的就一定是真的？你又不能上门调查去。还是你相信男人一辈子总要出轨一次，出了这一次以后就不会出了？那你更应该相信，出了第一次就有第二次，花心的人始终花心，责任心强的人对哪任伴侣都会负责。

其实，一个真正有担当的男人，是不会做出脚踏两条船的事情的。他也许会在不经意间被婚姻外的某个女人所吸引，如果这个吸引达到一定程度以后，他应该先和妻子离婚，然后再追求吸引他的女人。如果舍不得家庭，他就应该把这吸引扔到爪哇国去。只有既想要年轻女性的爱情又想要稳定家庭的男人才会找小三。这样龌龊的男人值得你爱吗？

醒醒吧！如果他真爱你，他就不应该伤害你。他不会让你背负第三者的脏名，不会让你们的感情蒙上任何一点点灰尘。

醒醒吧！如果他真爱你，他就会保护好你。让你永远都是出水芙蓉般纯洁，永远也不会让你被人鄙夷和轻视，哪怕只是一点点。

醒醒吧！如果他真爱你，他会帮助你醒过来。

2．出轨男人的心思你别猜

晴亮很年轻，她有一个足可以当她叔叔的情人。但她坚持她的爱情不是出轨而是真爱，可以想象她爱的人一定说过他和那个占着妻子名分的女人没有感情。

“如果真是没有感情，为什么不和妻子离婚然后光明正大地与你在一起呢？”我问。

晴亮皱了皱眉，似乎想到了什么不愉快的事情，沉默了一小会儿才道：“因为那个人不肯离婚。”

“她不肯离婚，于是就这样吊着你？”这时晴亮已经27岁，而对方是年届40岁的中年男人。如果分手，晴亮之前在他身上所消耗的四年光阴全都打了水漂；如果不离开，她又完全看不到步入婚姻殿堂的希望。

“不，我们是真心相爱的。他没有什么钱，他只是一个普通的教师而已。我们只是相遇太晚了，我们的爱情是真诚的。”晴亮急切地辩解道，可这辩解却是如此无力。她试图用她并不是图他的钱来表示这份爱情的真诚纯洁，并期望通过这真诚纯洁让旁观者的我能认同她的感情，可她如何确定对方不是图她的年轻貌美呢？更何况，试图让别人认同的这种行为本身就代表了她内心的不确定，她并不是真的认为自己的爱情那么纯洁，她只是试图让自己相信这一点而已。既然如此，她耗费的那四年，究竟是为了什么呢？

晴亮承认自己有恋父情结，但她坚持自己与他是真爱。因为那个男人反复地说过妻子是如何的霸道，如何的啰唆，如何的丑陋；而晴亮是如何的温柔，如何的美貌又如何的善解人意。他还亲昵地称晴亮为自己的“小心肝宝贝”，听到这个词，晴亮什么委屈都瞬间融化了。

我静静地听完晴亮的描述，不由苦笑，我相信读者早已经看腻了这样的剧情。一个人到中年还稍有些风度的男人，他与妻子同甘共苦了十来年，事业上该打的基础已经打下了，打不下基础的这辈子也就这样了。他们对年轻貌美又单纯的女孩子不断地抱怨着妻子的缺点，女孩信以为真起了怜惜之心，最后被他的热情所俘获，心甘情愿地成为他的情人。

然后？不，没有然后，这个故事到这里就应该结束了。至少对于男人来说，他的狩猎之旅到这里就是完美的结局。家里有共患难的妻子帮自己打理家务、教养孩子、侍奉父母，外面有一个温柔可人的情人，供自己排遣寂寞、陪自己谈情说爱。还有什么比这更完美的呢？

可是对于女人来说，这却只是刚刚开始。她被他追求，她享受这追求的快乐，享受隐隐的比另一个女人更年轻更美的优越感，享受夺走了另一个女人应得的爱情的快感，她才刚刚开始，怎么能够结束？

于是，女人要的越来越多，要爱情、要孩子、要房子、要存折；最后，她要名分，她要用一切看得到看不到的方法打败那个占着名分的女人，可男人却吝于给予，因为这并不是他的游戏目的。

到这时，无计可施的小三只好直接找到正室摊牌，将她的丈夫告诉自己的话原封不动地告诉她，要求她不要再做可恶的、丑陋的挡路石，请她牺牲自己为天下最“纯洁”的真爱让路。正室怎么可能答应？一场争夺大战就此拉开帷幕。

而往往到这时，男人就遁了。他只想过家里神仙、家外快活的日子，他希望情人和妻子共同被自己拥有，他不希望这种平衡被打破。怎知骗来的爱情居然最终会将他推到他不想看到的深渊旁边。他终于醒悟过来，原来红颜果真是祸水，却全然忘记当初是他自己主动追求的出轨。

不论是成功的男人也好，失败的男人也好，40岁就是他们人生中的一个坎，在这个门槛，他们即将迈入知天命的年纪。成功了的男人觉得自己该好好享受享受了；而失败的男人觉得既然事业上一事无成，至少情场上还要再展雄风，否则，这辈子就真的这么白白地过去了。

说到底这只是他人生中的插曲，只是他展示自己男性魅力的方式，可是年轻的女孩却常常把这当成了爱情。

3．你为什么会成为小三

对于小三，虽然大多数人是不齿的，但这并不能阻止年轻的女孩们前赴后继地走上这条羊肠小道。诚然，我们并不能因为她们走了一条错误的路就把她们打上道德沦丧的标签；但也不能因为她们追求爱情并不犯法就为小三正名。那些既不为钱也不为权的纯真女孩子，她们究竟是为了什么甘愿背上小三的名头？

作为正妻们，其实最害怕的并不是贪钱的小三。这样的小三虽然可恶，但当丈夫事业不顺、生意失败，或者自己把丈夫的钱管住后，小三自然也就走了。隐性的原因是，正妻们能正义地说："她只是爱上你的钱，我也许在年龄容貌上输给她，但在爱情上我并未输。"

最让正妻们害怕的，是那种什么也不求的小三。她们不求财，也不求权，她们说她就是爱他，爱这样成熟稳重、富有魅力的男人，他们间是纯洁的不沾丝毫俗物的爱情，而妻子只是挡住真爱的那个丑陋的门板而已。

看到这样的小三，正妻们无不崩溃，因为自己输了，完全输了，既输了容貌也输了爱情。而男人那被小三看好的成熟稳重、富有魅力的品质竟然是自己婚前婚后努力培养出来的，小三就是那个偷取了自己骄人成就，没有付出就可以享受果实的窃贼。

也许这样的小三会很得意，“瞧，那些正室们真傻。用十多年的艰辛培养出的成果，我轻而易举地就得到了。”

如果深入剖析这些只要爱情不沾俗物的小三们的行为，会发现她们可以大致分为两类人——补偿型的和掠夺型的。

补偿型的间或还有一点恋父情结。在她们的儿童、少女时代，父亲或离开人世，或出轨离开家庭；而母亲并不能同时兼顾一个父亲的角色，甚至可能连母亲本身的角色也不能做好，于是她们从小生活在缺少父爱母爱的环境里。长大后她们为了弥补内心的缺憾，往往容易喜欢上比自己大十几、二十几岁的男人，她们会用心目中父亲的标准去选择自己的恋爱对象。

这样的女孩喜欢的都是三四十岁的事业有成者，因为这个年龄段的人能让她有种回到童年，回到父亲身边的感觉，能让她饮鸩止渴般地弥补年少时缺少父爱的遗憾，虽然这种弥补永远都不够。可是，这种年龄段的人往往都结了婚，做小三就是不可避免的事情。

补偿型的女人往往看似是为爱付出，不为钱也不为权。而实际上她们追求的就是如父亲般的疼爱。她们付出自己的青春付出自己的感情，就是为了那个看上去如兄如父的男人给自己疼爱，关心、照顾、宠爱自己。而这样的爱情往往又会让男人感动不已，却叫正室们恨得咬牙切齿又无计可施。

掠夺型的小三通常也是职业小三。她们往往有才有貌，也懂得利用自己的才和貌紧紧地抓住男人的心，让对方离不开自己。这样的女人往往都有一个不堪的过去，比如，父亲因为一个漂亮的女人遗弃了自己和母亲。自己活在母亲无止境的抱怨和痛苦以及对那个漂亮女人的仇恨与嫉妒之中。因此，她们不相信爱情，也不相信婚姻。她们认为婚姻是痛苦的牢笼，走入婚姻的女人都会失去自身的光彩，只有做情人，不断地和正室争夺男人才能证明自己的魅力。当然，有一些也会在争赢后步入婚姻。但如果一旦男人不再表现得魅力非凡，同时又没有了竞争对手，她们很可能就会奔着更高的枝飞过去。

可恨之人也可能有可怜之处。当女孩你不小心爱上了有妇之夫时，当你摆脱不了这种迷恋时，不妨回忆一下自己的童年，是不是有恋父情结，会不会也曾受过同样的伤害，是不是也曾有一个女人把你的父爱抢走？你究竟是想找个爱自己的男人，还是找个疼宠自己的父亲？而你用青春做筹码“抢”来的爱情又能保鲜多久，你又如何忍心自己的童年悲剧在别的无辜孩子身上重演？

4．女人何苦为难女人

小三与正室永远是不可调和的矛盾。有意思的是，男人出轨，女人痛恨破坏婚姻的女人；而女人出轨，男人痛恨的不是破坏婚姻的男人，反而还是女人。在这点上，也能看出男人从理性上比女人胜了一筹。

男人认为出轨是婚姻内的那方的责任，而女人则通常认为是婚姻外的那方的责任。往往人们都知道男人是如何花心，甚至还评价男人是用下半身思考的动物。但当面临第三者时，女人立刻想到的却是狐狸精般的小三使出手段迷住了男人，而自己的男人必定是没有错的，即使有错，也是占少部分错，最错的还是不知廉耻的小三。于是有歌者唱了“女人何苦为难女人”。

女性从来都是善良、安静、美好、纯洁的代名词，但当正室与小三狭路相逢，我们还是将这些词通通忘掉吧！事实会告诉我们，不仅仅是男人会靠打架等极端方式来维护自己的领地，女人也会。对于女人来说，男人也是自己的专属领地。

有人曾精辟的说，“唯牙刷和男人不可分享”。自己的所有物犯了错，再错也是内部矛盾。要安内必先攘外，难怪有人说女人是天生的政治家。

但很可惜，这个所有物毕竟不是牙刷，也不是洋娃娃，他是许多时候习惯靠下半身来保持自信的男人。有的男人很自觉，他们“又红又专”一生只对伴侣负责；有些男人不太自觉，但没有条件找到合适的出轨对象；还有一些男人，他们是女孩们梦寐以求的成功男人，他身边围绕着数不清的莺莺燕燕，也许婚前你就使尽了浑身解数方才争得这一席之地；更大的可能是婚前他并不出色，但在你的培养下，他终于变成了现在这样儒雅睿智的模样。这时，她来了。

她可能清纯可能妖艳，可能可爱也可能心机万千，她抢走了他，同时也威胁到了你的地位。最可恶的是——她比你年轻，看着她吹弹可破的肌肤，看着她张扬的青春，你止不住地嫉妒，嫉妒她可以轻而易举地抢走你多年努力的成果，也嫉妒她拥有你为了得到这一切而失去的那些。

小三的出现让你你失去了对自己的自信，因此你笃信只有打倒小三才能寻回自信和男人的心。你不知道的是，这样的行为并不能挽回什么，只是将他推向了她——你痛恨的敌人。你很可能只是成了他们感情升华的催化剂。

当你以咄咄逼人的姿态维护自己的正当利益，当小三以委曲求全的形象默默忍受责难；男人天生的保护欲必将占领上风。你看似赢了，因为你以无比正义的理由将小三打了骂了。但其实你输了，你失去了自己的位置。最后的结果不过是合法空巢和非合法空巢，如此而已。

那么正室究竟应该怎么预防或杜绝小三的出现呢？

其实完全不会出轨的男人与完全幸福的人生一样，都是一个悖论。

幸福的人生是什么？有钱？事实上80%突然暴富起来的男人面对如此多的金钱时都会昏了头，他们有些会用征服一个个女人来体现自己雄性的魅力；而有些人因为金钱的富足让他们失去了奋斗的目标，所以就用包养的情人来填补空虚的灵魂。还有20%的男人随时要承受来自别有用心的女人的觊觎和引诱，而对于女人来说一定不会想得到这样的结果。

人生就是这样，没有绝对三包的幸福，也没有绝对不可能出轨的男人。爱情也不是王子吻醒了公主从此两人过上幸福生活这样简单的字句。人生，在于过程。

不论你多大年纪，也不论你是否能宽容来自爱情的背叛，你只需知道你的人生是不可重复、不可逆转地一直朝着生命终结的那天奔去。在这过程中，你今天的痛苦，也许明天完全不能称之为痛苦，今天的抉择，也许明天会有新的判断。

如果那个男人还不是无可救药，你可以沟通可以挽回。如果完全不可救药，就请离开吧，为自己所剩不多的将来换个轻松的明天。

在这场戏里，你要始终记得你和那个男人才是戏的主角。小三不过是一个插曲，你需要处理的是你和他的那段感情的维系，不是想着为自己的所有物擦屁股。

5．出轨，如何宽恕

面对出轨的男人，很多女性朋友的字典里就只剩下一个字“分”，她们选择坚定不移地分手。她们会说，男人都是偷腥的猫，有了一次还有下一次。

既然男人都是偷腥的猫，那么，你为什么还要和男人恋爱？或者难道女人中就没有偷腥的猫吗？女人与女人恋爱就绝对不会遭遇背叛吗？

背叛无处不在，如果这段感情里只有一个人在享受的话。

爱情是个契约，约定的双方定时往契约里存入情感，同时不定时支出契约里的情感，这样两人才会越来越富有。当你愉悦于享受时，你是否曾反省自己的付出可否足够支撑这享受？如果享受超出了付出，就是另一个人在透支自己的爱情。

真正出轨的男人中，80%都会说自己正在家庭中遭受前所未有的折磨，其中30%认为自己受到了妻子的情感虐待，只有20%的男人是真正因为自身原因不断出轨。

作为女人，如果爱人出轨，首先想的不应只是自己受了多大的伤害，而应该先检讨自己是否有做得不够的地方。为何他要到家庭以外的地方去寻求温暖或刺激？是自己给的不够，还是别人做得更好？

除非从此你就再也不和男人恋爱，否则在第一次恋爱关系里出现的问题，第二次、第三次依然会出现，如果你不改正自己错误的话。

这并不是在说男人的出轨都是女人逼的，就像工作出了错误首先检讨自己有没有犯错，然后再检查是不是别人犯的错一样，这只是过程中的一个部分。而完全无视自己错误的存在，那就是一个自大又狂妄的人。即使是圣人孔子还说过“吾日三省吾身，为人谋而不忠乎”的字句，普通平凡的我们，至少应该同意这一点——曾经爱过我们的那个人，并不是一无是处，他的出轨或许也事出有因。

明白出轨是怎么一回事并不能帮助我们挽回爱情。一对爱人间的问题多半早已有之，当严重到要考虑是分手还是宽容时，就是这个问题已经扩大到谁也不能忽视其存在的地步。

与其说我们究竟要不要宽恕对方的出轨，不如说，两人间的问题是否还有修补的可能。如果还有一分可能，恐怕也须做十倍的努力，这正是女人从任性的女孩成长为智慧的女人所必经的道路；同时不妨给自己一个期限，如果在这个期限内仍然没有结果，不妨放手，重新开始也未必不能再赢。

因此，姑娘们，当我们在恋爱的时候，我们也应当每日三省吾身，我付出了什么，得到了什么？收支是否平衡?不要觉得这种思想太过功利，也不要认为爱就是无止境地付出而不应该索取，每个人都是普通人，而无私奉献的英雄只适合敬仰不适合做自己的爱人。

6．无法挽救的出轨迷

上文提到，出轨的男人里80%都是正常人，是因为家庭问题才寻求外部的温暖。但也有20%的男人出轨并不一定是因为家庭的问题，可能是他本性好色，喜新厌旧，而更大的可能则是他存在一定程度的心理问题。这些问题也许根植于他们表面强大实则卑微的内心，他们不能也不愿意承认其实是因为一系列的情结才会对出轨如此迷恋，甚至还会有“妻不如妾，妾不如妓，妓不如偷”的说法为自己开脱。此类男人心理问题的类别大概分以下几种。

① 自卑情结

前文曾说过，一夜暴富的男人里很多都有出轨的经历。有些出生于底层的暴富者，甚至没有受过很好的教育。他们在改革开放的春风里一夜之间如突破土层的嫩芽般来到了一个全新的天地。旧有的经历告诉他们，他们是普通人是失败者；而新的经历告诉他们，他们是英雄是杰出者。狂风巨浪般的恭维、艳羡以及来自女人的爱慕冲昏了他们的头脑，刻入灵魂的自卑让他们面对成功时不可控制地放浪形骸。征服女人就是他们压制自身自卑情结的有力工具。

②英雄情结

每个女人都曾有拯救英雄的梦，而每个男人都有拯救女人的梦。拯救是一种对自我牺牲、悲天悯人等高尚情操的崇拜，因此女人容易爱上为情所伤的男人，而男人则容易对“柔弱、需要保护”的女子产生爱情。这种情结每个男人或多或少都有，这就是为什么男人总会选择容貌比大脑更出众的女人出轨的缘故。

③恋母情结

有恋父情结就有恋母情结，心理学家解释恋父和恋母都是人类普遍存在的心理行为。但不同的是有的人多，有的人少。有些男人从小在家庭中很少或没有感受到过来自母亲的关爱，这成为他生命中的缺憾，长大后虽然压制了对母爱的追求，但转化成对母性的追求，以得到母亲的爱为标准。这样的男人总是不满足于得到的女性，因为这些都不是他真正想要的。不能疏通这种心理的话，他永远也不会得到幸福。

④渴望打破禁忌

张爱玲说：“在每个男人的生命中，都有两个女人；一个叫红玫瑰，一个叫白玫瑰。”红玫瑰与白玫瑰代表的其实就是禁忌与正统的对抗。正统教育始终教育我们爱情是唯一的、排他的，就算古代的妾也是妻可以随意处置的货品般的存在。可是规则既然存在就有人来打破，比如父亲不允许先吃饭再做作业，但叛逆的孩子就要试图打破父亲的绝对权威。打破规则和权威对人类心理来说是一种无法言喻的快感，就比如出轨。

简单来说，这样的男人出轨就是为了追求刺激，绝对是有一有二就有三的执行者。他会跟你说你才是他的最爱，因此娶你回家，其他女人都是玩玩而已。除非你可以永远让他有新鲜感、刺激感，否则就无法永远把他们拴在身边。但如果真这样，你不觉得累吗？

⑤ 软弱

金庸笔下的每个人物都有血有肉，豪气如乔峰，深情如杨过，淳朴如郭靖，每个男人都有让女人迷恋的资本。但有一个角色，我却不大喜欢他，但他无疑又是一个正派的人，他只是有点软弱而已，他就是《倚天屠龙记》的男主角张无忌。

张无忌亲眼看到父母的惨死，母亲临死前嘱咐他永远不要相信女人的谎言。原以为从此张无忌会变成一个冷漠无情的人，可谁想到他不仅没有吸取教训，反而一生都活在女人的谎言之中。

别以为这是小说就都是假的，事实上生活中这样的男人可不少。他们就是有本事永远活在混乱之中，一个混乱没有解决又把自己卷入下一个混乱。与他们在一起的女人都有强烈的控制欲望，如果他身边有两个这样的女人，那生活就完全陷入无止境的麻烦中。因为他没有强大的内心力量支持自己做出一个决定，他需要被动地被推入别人设定好的游戏规则之中。

对于这种男人，除非你感觉自己有足够的能力既当他的妻子又当他的领航员，同时还能强悍得让他完全拜倒在你的内心力量之下，否则和他在一起就是自找麻烦。

7. 三种男人敬而远之——斤斤计较

除了出轨、家庭暴力这种一看就知道应该规避的男人外，还有三种男人应该敬而远之。他们会披着好看的外衣，让女人误以为是良配，如果真在一起就完全是一场灾难。

对于斤斤计较的男人，女人要有相当宽广的胸怀才能不去计较他们。因为一般的女人，特别是结婚后开始操持一家人的生活的女人都是比较小气的，能比女人更小气的男人可想而知……

有人曾说找个小气点的男人好，至少不会随便给外面的女人花钱，这不失为一个优点。但他不给外面的女人花钱就一定会给你花钱吗？即使你是他的妻子，也不代表你有足够的魅力让他晕头转向而忘记自己一分钱掰成两半用的神圣使命。

佳淇嫁给振阳时就是这么想的，她认为夫妻就是共同体，因此结了婚振阳就不会对自己小气了。谁知道结婚不过给了振阳一个借口将佳淇的工资一块儿收缴罢了，其他的振阳该咋样继续咋样，简直就把自己当成了一个倒贴钱的保姆。

只要一想到这里佳淇就来气，结婚后第一次逛街，佳淇每看一件衣服，振阳就必定在后面唱黑脸，一会儿太胖了，一会儿过时了，一会儿不适合，将佳淇的兴致完全打落。后来佳淇好不容易看上了一件衣服，非买不可，振阳竟然拎了她的钱包转身自己就走了，速度之快令佳湛追都追不上。那天晚上佳淇是自己走回来的，五站地，马路上空荡荡的，呼呼的海风吹着佳淇有些单薄的短裙。一路上，佳淇一边哭一边给振阳打电话，振阳一直没有接，事后他说他当时在拉肚子，没听到电话响。

佳淇还是舍不得振阳，即使这样也没有狠下心跟他分手。振阳道个歉就心软了，结果工资卡被振阳以她太能花钱为由收缴，从此佳淇身上的衣服再也没有超过一百块钱。只是子非鱼安知鱼之乐，这样的生活能否算得上幸福只有佳淇自己知道了。

女人小气是理所应当，但男人除非是做财务工作，否则整天斤斤计较，打着小算盘忙不停，想也知道难有建树。这样既没前途又对你不好的男人，要了有什么用呢？

8．三种男人敬而远之——不能忘记旧情人

英雄落难美人相助，你如天使般降临英雄的身边给予他光芒，给予他力量，从此你们过上快乐的生活……OVER。醒醒了姑娘，电影结束了。

艺术源于生活又高于生活。女人天生母性的一面让我们会喜欢幼小的动物，会同情流浪的小猫，会收容没有家的小狗，也喜欢收容看起来忧郁的为情所伤的男人。因为女人潜意识里认为为情所伤的男人都是重情重义的男人，他能为前女友伤心难忘，肯定也能对我用情至深。可女人们往往忘记，对有的人来说，刻骨铭心的爱情一生只有一回，后来的都是替补。

珉哲被前女友劈腿后每天借酒消愁，女同事嘉苇无意间撞到并替珉哲做了一回心理安抚后，两人开始成为朋友。刚开始珉哲伤心的时候会去找嘉苇，慢慢地珉哲在嘉苇的帮助下走出了失恋的阴影，而他也没有远离嘉苇，相反与她走得更近了。

用珉哲的话来说，嘉苇是个难得的好女孩，值得更好的人来珍惜她。但珉哲又说，他对嘉苇情难自禁，他想自己应该是爱上她了。在人类众多复杂的感情中有一种感情叫移情，这时的珉哲快速爱上嘉苇很可能就是移情的作用，他把对前女友的爱情转移到给了他心理安慰的嘉苇身上。当然，这一点他们两人都不

知道。

时光平静而美好，如果这种美好能一直继续下去，嘉苇必然会是世上最幸福的新娘。可是问题是珉哲前女友回来了。

前女友想要见珉哲，珉哲问嘉苇的意见。嘉苇虽然心里不是滋味，但面上还是说："亲爱的，我相信你！"

于是珉哲去了，回来时没有任何异常，他说只是见个面吃个饭而已。嘉苇相信了。

两个月后的一天，嘉苇在一个极偶然的情况下突然看到前女友发来的短信，电话名字叫"心"，内容是谢谢珉哲在工作上提供的帮助。嘉苇敏感地意识到这个"心"不是前女友的名字，而是指珉哲的心。前女友的来电名字叫心，这想想也叫嘉苇心惊肉跳，更何况他们在她不知情的情况下竟然还有秘密联系。

难道他还爱着她？难道我只是她的替代品？这样的问题深深地困扰着嘉苇，嘉苇迫不及待地想知道答案。她问珉哲，珉哲自然不会承认，于是大吵一场。她找珉哲的朋友套问前女友的情况，对应她的名字里果然没有"心"这个字，因此"心"坐实了它的表面意义。再参照前女友的形象，竟然与自己有三四分相似，因此可以判断，自己只是一个可怜的替代品。

付出一回白落个替人做嫁衣的份，嘉苇无论如何也接受不了。但分手她又舍不得，最后两人就慢慢地拖着。

为了感情痛苦的男人大部分都是重情义的男人，有的人情伤好了以后能再完完整整地去爱别人；但有的人却一生都在寻找初恋的怪圈里出不来。对旧情人情深义重的男人固然让人欣赏，但如果是当自己的男友还是要谨慎一些，多考察一下，不可轻易下注。

9．三种男人敬而远之——愚孝

孝是人类最重要的美德之一，但愚孝的男人要快速远离，和愚孝的男人在一起，如果你不和他们一样，你会被道德的棒子打得体无完肤。

海铃看上子敬，很重要的一点是看上了子敬对父母的孝顺。海铃和子敬是小学同学，小时候她曾看到子敬坐在院子里给生病的母亲揉肩，那样温情的一幕在海铃的脑海里一直有很深的印象。后来两人分别上了不同的初中、高中，又神奇地在大学相遇了。

同学兼老乡的关系让两人迅速走近，当子敬向海铃表白时，海铃连想都没想就一口答应。因为子敬给母亲揉肩的那一幕一直留在海铃的心里，她想当然地认为，能给母亲揉肩的男人，必然是个好男人。

读书四年，工作三年，经过七年恋爱长跑，海铃的爱情终于要结出果实了。他们决定结婚的前半个月回家乡办酒，没想到悲剧在如此喜气洋洋的时间降临。

那天回想起来其实本没有多大的事情，海铃看上了白色的沙发，而婆婆则认为白色的沙发不耐脏，言词间颇有嫌海铃懒的意思。海铃是个直脾气，受不了别人话里夹枪带棒的，当时就和婆婆起了冲突，就在这时子敬突如其来地将海铃推到一边，怒道：“谁让你和我妈这么说话的？”

力量悬殊，海铃差点被推倒在地，整个人都懵了，这哪是她平时认识的子敬，简直就像变了一个人。家具店的老板见状赶忙上前打圆场，这才把一家人和和气气地送出店门。

经过这件事，海铃才终于对子敬有了一个全新的认识。以前子敬的脾气也是比较急，说话做事常常会不太照顾他人的想法，海铃总因为他孝顺父母而一再地把这些都当成是小毛病，以为不值一提。可是现在她才发现一切不过是自己的一厢情愿，甚至现实的情况比这还要严重。那就是子敬对父母的孝顺并不支持他成为一个品德相当高尚的人，相反他还要强迫海玲像他自己那样无条件地听从他父母的指令。

结婚日期已定，请柬已发，如箭在弦上不得不发，海铃带着疑问嫁给了子敬。婚后的生活如猜想的那样，子敬和海铃通过海铃父母的帮助在大城市买了房子，第一件事不是接海铃的父母过来，反而是把子敬的父母接过来。开始海铃以为只是住几天就走，吸取教训对婆婆千依百顺。可是眼看着都住了半年了，婆婆公公一点走的意思都没有，海铃悄悄地问子敬，子敬竟然说："那是我爸妈，你要是敢赶他们走，你等着瞧！"

就这样，替女儿女婿花几十万买房子的岳父岳母竟然两年时间连房子的模样都没见过。

这些事情海铃每每想起来都如刀割般难受，但除了这点，子敬其他方面也确实挑不出错处，因为怕人家以为自己是恶媳妇与婆婆相处不来，海铃就连难受的理由都始终说不出口。

人的一生有许多种身份，孝顺的男人是个好儿子却未必是个好丈夫。过分孝顺的男人往往就容易走入误区，忘记身边人的感受，姑娘们当小心为上。

Chapter 

八　失去他，你并未失去全世界

1．爱错了，请勇敢放手

不知你有没有想过这样的问题，爱是什么？我们为什么要爱？

有的人一辈子都活得懵懵懂懂，明明对那个人失望透顶却不敢离开，明明对生活不满意却不想着改变，明明被伤透了心还假装没看见而继续被人伤害。她们把这定义成“爱”。因为爱，所以她们委曲求全；因为爱，她们努力照他的要求改变；因为爱，她们忍受来自爱的人一次又一次无情的伤害。

这真的是爱吗？不，这不是，这只是依赖。你已经习惯了那个人的存在，也习惯了被伤害的生活，就像马戏团里被圈养的动物，已经习惯了铁笼和鞭子，谁要突然打开笼子放你出去，你还会愤怒地对他说：“你懂什么？我出去怎么生活？”

是的，在圈养的过程中动物们失去了自己独立生活的能力。你也是，你不知道怎么换灯泡，不知道怎么把米扛上楼，不知道怎么度过一个人的夜晚，你也不知道怎么吃一个人的饭。其实想想这些事都是没什么难度的，之前的二十多年哪一天不都是没有他度过的吗？但真到了要选择的时候你却退缩了，如小动物一般的你睁着惊恐的大眼睛看着外面的世界说：“世界那么大，比窝里更危险吧！”

可是高等智商的人和低等智商的动物之间，还是有区别的吧？

现在我们再回到上面的问题，你为什么要爱？你是想找个人圈养你，还是要找个知你、懂你的人共度一生？如果是后者，当他不知你、不懂你的时候，当他把你弄得遍体鳞伤的时候，你为什么不离开？

的确有些问题也许可能出在我们自己的身上，不可能所有的问题都是别人的。那么，在你离开前，你的确需要为自己的爱再做一次努力。也就这一次，多了咱没有。如果还是不行，那就离开吧。

姑娘啊，你永远都要记住：你是一个人，你不是马戏团的动物。你有尊严、有体面，你受伤也会特别疼，爱情没有赋予谁每天挥着鞭子赶着你走钢丝、玩心跳的权利。你想过的幸福生活，那里面是不会有鞭子的。

所以，请勇敢地放手吧！

2．如何与他和平“分手”

有恋爱就会有分手，也许他和你想象中的爱人不一样，也许他做了伤害你的事情，不论如何，只要恋爱就有面临分手的可能。怎么样才能和平地分手？怎么样才不会招致他的报复呢？这是门学问。

分手时最怕什么？最怕对方产生报复心理。因此许多人在分手的时候要说许多自己的缺点或者找许多的理由和借口，以免对方因为太难堪而怨恨或报复自己。这样做不失为一个办法，但不是最好的办法，最好的办法其实是让对方主动说分手。

方法1：若即若离

找借口不见他，如果离得比较远的话可以以加班、见亲戚、出差等各种各样的理由不见。实在拖不了时见一面，时间以一小时之内为标准，一小时后马上走人。次数多了，对方自然会明白你已经对他没有感情了。

方法2：争吵、冷战

如果是已经住在一起，就每天找各种理由和他吵，如果觉得争吵太费力气，那不妨找个机会大吵一架，然后躲回朋友家不见面，冷战。次数多了，对方自然受不了就想分手了。

方法3：禁锢自由

每天查岗，每天翻包检查，每天制造出他身上有味道或者有其他女人头发的事件，检查QQ聊天记录，任何蛛丝马迹都予以小题大作，对方自然会受不了。不过这样的方法比较适合崇尚自由的男人，如果是习惯了被管束的男人，作用不大。

如果以上这些你觉得太费劲、太费时间，只想干干脆脆一刀两断，以下借口可作参考。

① 事业型——事业发展期太忙，还是先不要见面吧。

② 理智型——我们现在还太不成熟了，先分开一段时间好吗？

③ 自我贬低型——我觉得我太……（可以是任何对方不喜欢的缺点），还不适合恋爱。你可以找到比我更好的。

④ 迷信型——我昨天去算命，人家说你不是我的真命天子，我们还是不要浪费时间了吧。

⑤ 官方型——我们性格不合。

⑥ 文艺型——我很爱你，但都敌不过命运的安排，我要出国（升学、毕业、深造）了。如果多年后我们都没找到爱人，那时我们就结婚。

⑦ 不可思议型——你太完美了，我和你在一起压力好大，你放过我吧！或者：你对我太好了，我都不知应该用什么来回报你，你这样让我好累，这都是我不懂珍惜，你应该找个比我更好的人！

⑧ 逃避型——先书面告知分手事宜，让对方有心理准备；然后再电话告知。

⑨ 搞笑版——对不起，我想我比较喜欢女人！

有了借口还不够，分手的时间、地点也需精挑细选。时间最好是中午，因为下午大家都要上班或上学，没有时间分析为什么要分手。地点最好选人多的场所，在人多的地方对方会比较理智和克制，就算一时激动想要伤害你，你也可以随时找到帮助你的人。不可以选没人的地方，对方如果是冲动型的人，一时气愤打你或欺负你，你就真是叫天天不应，叫地地不灵了。

分手时注意不要把分手的谈判变成谁对谁错、谁付出多谁付出少的批判大会，尽量把过错揽到自己身上，不要和对方争论对错，不要侮辱对方，并表达自己对对方的感激。

至于分手之后，也需注意几点：

① 分手一定要分得干净，不可以给对方任何你们其实还可以

在一起的幻想，否则就不要分手。十之八九的苦恋在于分手分得不干净，对方仍抱有幻想；而自己又不够坚持，最后分了又合，合了又分，生命都被浪费了。

② 最好不要用会让对方以为自己劈腿的办法，名声对现代女人来说还是比较重要的。而且这种方法更容易招致报复。

③ 如果对方不能接受分手亦是朋友，就不要勉强。其实分开了就再也不要见面是最好的，省得到后来相见不如怀念。

以上的一切都是为了避免对方对你产生报复心理而设计；如果你对他的人品有信心，你可以开诚布公地和他谈你的想法，说不定你分手的理由不过是一个误会罢了。呵呵！姑娘，不要摆乌龙阵哦！

3. 如果是他要分手呢

如果说世上最让人苦恼的事情是如何和对方分手，那么最让人痛苦的事情是被对方提出分手。如果他提出分手，而你还热情正浓，这无疑是给你的当头一棒。

如果他要和你分手，第一件事，请忍住眼泪。

哭哭啼啼的模样无助于你挽回他已经离去的心，相反还会让不爱你的人对你更加厌烦。只有爱你的人才会为你的眼泪感到伤心，不爱你的人你压根儿就不应该用自己的眼泪去给他装点情圣的美名。

第二件事，分析是否还有挽回的可能。

有的男人分手，其实他自己也不知道为什么要分手。有些患有结婚恐惧症的人，只要一提及结婚立马像见了狼的羊，撒腿就跑。这时如果你轻易放弃，不仅他的一生都将活在恐婚的阴影里，你也会失去一段已经付出真情的感情。

第三件事，尊重自己的内心。

如果内心说“我不想分手”，那么你不妨尊重自己的内心对双方的关系做出进一步修复的行动。执著是一个好品德，你的执著有时会给自己带来意想不到的惊喜。

第四件事，如果实在挽回不了，请你明白这不是自己的错。

感情的问题说到底在于沟通，命运让我们相遇，爱情把我们联系在一起，沟通让我们变成对方的一部分。如果他实在爱不了你，这不是命运的错，这不是爱情的错，这也不是你的错。相信自己是优秀的，一定能等到合适的那个人来欣赏自己。

第五件事，分手要给自己留一点体面。

很多女孩喜欢把分手的原因归结为自己不够优秀，于是拼命地向对方保证自己一定会按他要求的去做，完全无视对方不耐烦的眼神，拼命地放低自己的姿态，拼命地祈求对方不要抛弃你。如果一个人已经不再爱你，你的姿态再低，你的眼泪再丰富，对他来说都是一种丑态。多年后他或者不会记得你曾经的好，但一定会记得你曾经是如何低声下气地祈求他回到你的身边，这是他一生都值得炫耀的资本。你会把这资本给他吗？

第六件事，分手了，再见亦是朋友。

爱的反面不是恨，而是淡漠。无论他主动提出分手给你造成多大的创伤，再见的时候也要大方得体地跟他说一声：“HI，好久不见！”这不仅仅是保护自己的面子，也是告诉对方：“我早就已经走出来了，抛弃你那可怜的幻想吧！”

呵呵，没错，即使当初是他抛弃了你，他对你仍然会有幻想。就像是一个曾经属于自己的玩具，虽然是自己主动丢弃的，但如果不属于自己了，还是会感到新鲜和好奇。而对于被自己抛弃的女人，男人通常会幻想着你一直生活在失去他的痛苦里。你对他大方得体的微笑、毫不介意的姿态都是对他的幻想进行毁灭性的打击。仿佛你是在告诉他：“看吧，看吧，没有你我活得更好哦！”

第七件事，调整好心态，重新出发。

如果你不是把恋爱当成寻求天长地久、稳定生活的工具，而是当成寻找灵魂伴侣的方法，你会觉得失恋其实没有什么大不了的。不爱你的那个人根本不值得你为之痛苦而付出泪水。因为他注定不是你那遗失的那一半。

人们总害怕不熟悉的事物，比如突然转学，比如毕业，比如谈恋爱，也比如分手。分手对于女人来说多多少少都是有伤害的，不论你是主动还是被动。失去一段不值得贪恋的爱情本身并没有什么大不了的，但当你习惯了的二人世界突然消失，伤害就刻骨铭心了。如何重建信心投入下一场恋爱，这是门考验自身心理素质的课题。

或许你可以把自己的优点写下来并每天阅读，出门前把自己收拾得漂亮些，给自己一个阳光的微笑，慢慢的心态就会被影响，从而变回从前无忧无虑的自己。

4．分手要给自己留一点体面

依扬爱上力新时完全没想过自己和他会有分手的那天，因此她早早地将自己交给了力新。依扬显然还太年轻，对人性还没有足够深刻的认识，她怎么也想不到，过早交出自己不仅没有换到相等的爱，反而让对方疑虑丛生。怀疑依扬很开放的想法一直折磨着力新。

力新不好意思就这个问题太斤斤计较，那显得自己没度量。但疑问一存在没有解开，它就像一个随时可能病变的病毒，一直影响着两人的交往。终于力新找到了借口和依扬分手。

第一次分手时，力新说自己实习工作太忙，没时间来看依扬，让依扬不要再找自己了。力新说得并不绝情，也没说是因为感情不和，依扬觉得两人感情还没有破裂，还有复合的希望，于是卷了行李跟到力新新租的房子门口可怜兮兮地要求力新收留自己。

力新想着反正感情也没有着落，留着做备用的也行，而且还能照顾自己起居，于是就收留了依扬。正是力新这次的收留为依扬后面的悲剧埋下了伏笔。

因为怕力新嫌自己不好，依扬这次表现得比以前勤快多了，每天给力新及一起租房的朋友打扫卫生，每天都做可口的饭菜。力新刚踏入社会，工作确实辛苦，每天天还没亮就起床，披着月光才回家。依扬还在学校读书，毕业遥遥无期，有的是时间给力新制造温馨的家庭生活氛围。这也是两人感情最稳定的一段时间。

一年后力新工作渐入佳境，依扬则进入实习期，忙碌的依扬和空闲的力新形成强烈的对比，依扬也没时间照顾力新、给他打扫做饭了。力新那压制不住的分手念头又冒了出来。

第二次分手时，力新的态度从未有过的坚决，自己偷偷搬了房子换了电话号码。依扬打遍了同学的电话也找不出他来，像是人间蒸发了一样。依扬每天以泪洗面。

这段时间依扬的实习工作也做得很糟糕，事业爱情的双重打击几乎把依扬击垮了。朋友们每每看到憔悴的依扬还在苦苦寻找力新的下落，都劝她看开些，告诉她力新不是什么好人，从头到尾只是利用她，可是依扬不信。也许是不想相信，如果相信了，那岂不是说自己之前所付出的一切都是个笑话？或者说自己是瞎了眼了，才看上这样一个无赖？依扬承受不起这样的结果。小半年后，力新竟然奇迹般地出现了。

力新的出现一点都不偶然，原因是他的新恋情夭折了，他被人甩了然后回头来找依扬寻回自己的自信。这一点依扬是不知道的，她以为是上天终于听到了她的祈祷，她没有任何犹豫就接受了力新。朋友们摇头叹息，依扬也不在乎，只管一心一意地和力新过日子，还央求父亲给力新配了最好的笔记本电脑帮助工作。

看在笔记本的份上，力新对依扬好了一段时间。但新鲜劲儿过了，自信也找回来了，力新又开始蠢蠢欲动。这回力新把对方搞定了才跟依扬提出分手，依扬已经知道力新的工作单位，她去哭啊闹啊，甚至还当着许多人的面跪下求力新不要抛弃自己。力新不耐烦地给她打电话说："你急什么，等我玩够了就回去找你。"

力新如何混蛋暂且不说，问题是依扬已经把眼睛蒙在了“力新心底是爱她的”这样荒谬的结论里。她真的乖乖地等着力新回来。

不过力新还真回来了，因为他又被甩了。

依扬欢天喜地地对曾经劝她的朋友说：“瞧，我就知道他心里是有我的。”朋友们干脆再也不管她的事了。

依扬带着心灰意冷的力新见了家长，两人开始谈婚论嫁。依扬的父母甚至还出钱给两人买了一套新房子作为嫁妆，并在依扬的逼迫下写了两人的名字。而力新家却连结婚办酒的钱也一分不出。

依扬终于如愿以偿做了力新的新娘。力新也觉得有这样的妻子未尝不是件好事。他在单位瞒着已婚的事实，继续做着快乐的单身汉，遇到对眼的女人就主动出击，而依扬则默默地在家里付出。所有的朋友都不忍心告诉依扬事情的真相。就这样他们也和谐地过了许多年。用朋友的话说，真是依扬前辈子欠了力新的。

分手确实是人生难以承受之痛，也确实有许多人并不是因为感情破裂而是因为误会或意气用事导致分手。这时的确需要一个人主动一点把感情重新修补起来。但是，这个修补是有限度的，用出卖自己的尊严和体面求来的感情能叫爱情吗?

如果他爱你，他必不忍心让你跪倒在大庭广众之下祈求他的原谅；

如果他爱你，他必不同意你用自杀去挽回爱情；

如果他爱你，他必不会看到你痛哭流涕也不递一张纸巾；

如果他爱你，他必不会让心爱的女人孤单单地等待、无助、彷徨。

依扬和力新之间并没有爱情，有的只是依扬对自己的不自信、不尊重和力新对依扬的侮辱和轻慢。他们之间说到底不过是一个高贵的皇帝挑选了一个伺候自己的奴隶而已，你见过哪个皇帝对自己的奴隶讲爱情的吗？而古时候的奴隶绝大多数是迫不得已才做了奴隶，那么你呢？你会自甘为奴吗？

5．分手后绝对不可成为朋友

棠艾一直跟我说，她和他只是普通朋友。那个他是她的前男友宇行，分手已近一年。

一年前，宇行劈腿被棠艾的朋友撞个正着，宇行就和棠艾分手了。他狡辩道："我和她真的只不过刚认识一个星期，虽然时间很短，但我觉得她无论是对我的画还是对我的人都有着透彻的了解，艾艾，你知道我们艺术这行最缺少的就是惺惺相惜，我相信你懂我的。虽然分手对不起你，但我也不能因此而耽误你，你去寻找你最适合的姻缘吧！我放你自由。不过，希望我们分手后还能做好朋友，好吗？"

用棠艾朋友的话回答就是："好你个头，追艾艾的时候你说艾艾是最懂你的天使。现在劈腿劈顺了，连理由都不带换个不重样的？你也太不拿豆包当干粮了吧！还做好朋友？再见面不劈了你才怪！"

朋友们七嘴八舌地替棠艾骂宇行，而棠艾只是一个劲儿地哭。

两个月后，朋友们竟然撞见棠艾和宇行逛街，这可是大新闻，难道两人重归于好了？有好事的朋友立刻把棠艾抓来刑讯逼供。棠艾招供：两人并没有和好，而是成了好朋友。那天逛街是给宇行的新欢买生日礼物的。

“贱！”脾气最火爆的朋友听了这事只给了这样一个字的评价。棠艾不服气，说：“外国人都是这样的，买卖不成仁义在呢！我们又没吵又没闹，做普通朋友又怎么了？你们太狭隘了。”

被称狭隘的一众女人全部面墙，再不理会棠艾的事了。

棠艾很傻很天真地以为宇行真的拿自己当普通朋友对待，虽然她还爱着他，但只要宇行一提出见面要求她就立马跑过去，谈恋爱的时候都没这么积极过。有时候棠艾也反思这样正不正常，或许不去才是对的。但只要宇行半开玩笑地说：“怎么？发财了，连老朋友都不见了？”棠艾受不了激，于是每次必到。

普通朋友做久了，这再没火星子的打火石也擦出了火花。一次聚餐后，分手达半年的棠艾和宇行滚了被单。有一有二就有三，之后两人没名没分地又滚了三次被单。每次棠艾都说不能再这样了，宇行也同意。可没一个月他又反悔，又开始给棠艾发送情意绵绵的短信。

事情都发展成这样了，可棠艾还一味天真地坚持他们只是普通朋友，滚被单也不过是偶尔不小心喝多了做的错事。他们仍然是纯洁的男女关系……

“别管以后将如何结束，至少我们曾经相聚过。

不必费心地彼此约束，更不需要言语的承诺。

只要我们曾经拥有过，对你我来讲已经足够。

人的一生有许多回忆，只愿你的追忆有个我……”

这歌词是不是很熟悉？这正是20世纪80年代末风靡全国的一首名叫《萍聚》的流行歌曲，至今还会在老歌金曲中看到它的身影。它的出现间接改变了中国人的婚恋观念：原来分手不一定非要闹得不可收拾；原来人与人之间都是独立的浮萍；原来爱情可以不需要承诺；原来只要相聚过就不用后悔……

太多太多的信息传递出来，“分手后还做朋友”也变成了男男女女们分手时的口头禅。这句话的原意本来是好的，是希望因情生恨的男男女女们能够好聚好散，不要过分执著于得不到的爱情。谁知道如今却被某些人利用来做脚踏两条船的冠冕堂皇的借口。

为了避免棠艾的故事再次重演，年轻的女孩们一定要记得分手可以不恨对方，但千万不要相信“还可以做朋友”的那套说辞。保护好自己是处世的根本原则之一。

6. 分手不是糟蹋自己的借口

分手了，有的人会借酒浇愁愁更愁；有的人则会把自己陷入无止境的加班、访友、做义工的忙碌中，企图用忙碌让自己忘记伤痛和空虚。这些都没有错，这是人在受到伤害时的一种自我保护行为，是通过各种方式对感情的失败进行逃避，或以情感宣泄来愈合伤口，从而变得更加坚强。

但是有一种人，分手后表面上全然一副无所谓的样子，旁人都以为这段感情对她没有任何影响，但是实际上她们不仅受到伤害，还因这伤害而自暴自弃。

丽丽被初恋男友甩了，朋友们都安慰她：“你这么漂亮，能找个比他更好的，是他不懂珍惜。你别太伤心了！”丽丽笑：“我才不伤心呢，这样的男人早该甩了，我只恨我说分手说晚了而已。”朋友们都放心了，原来丽丽一点也不在乎呀，于是没人再提这事了。

可是当人群散去之后，丽丽看着自己和昔日恋人的照片，想到过去的种种恩爱以及分手时的决裂，眼泪不自觉地掉了下来。她想到他对自己的指责，想到每一项美好记忆都被他的恶毒话语颠覆，再想到自己被他占去了的清白，想到也许以后再也找不到对自己真心、不介意自己过往的男人，她顿时觉得前途一片晦暗。

失恋的人容易对自己产生否定，因为是被别人拒绝或抛弃的，总会觉得是因为自己不如别人或自己不够好才会被拒绝、被抛弃，这种心理暗示影响着人的心理健康。这时有的人就借喝醉发酒疯来化解心中的压抑，有人就用忙碌的工作来证明自己的价值，排除自我否定。

可丽丽却因过度的骄傲不愿意在别人面前发泄出心里的压抑，死死地把难过压在心底。不正视伤痛不代表伤痛就不存在。无法发泄的痛苦冲击着丽丽的骄傲，她开始否定自己，排斥自己，从骄傲转为自卑。

自卑的丽丽哪怕只要有一点点温暖，也会如飞蛾扑火般地扑过去，她急切地需要从别人的爱慕中寻到对自我价值的证明。她一次次地投入热恋，又一次次地劈腿，她从男人们伤心绝望的眼神中终于找到了自我价值的存在，从伤害别人的过程中得到了扭曲的快感。她像上了瘾一般周旋于不同的男人之间，看着他们为了自己争得头破血流、伤痕累累。

她表面上是快乐了，男人们把她当成女神一般争来夺去，美丽的海伦也不过如此吧！但她越发忙碌得像小蜜蜂般，不停地游戏人生。只因为她不敢停留，她害怕像第一次恋情那样因为停留、因为全身心的付出而最终受到伤害，她用这种方式保护自己。

丽丽是可悲的，她不敢把伤心和愤怒表现出来，只敢给朋友留下坚强的表象；但她又是可恨的，破罐子破摔、任由自己堕落深渊的同时又伤害别人的真心。

女孩，如果你也遭遇分手，请相信这是不可避免的、每个人都会经历的过程。请用合理的方式发泄你的难过和痛苦，相信你的朋友会谅解你并开导你；即使你没有朋友，也请相信还有家人可以依靠。

就算你曾为你这段错误的爱情付出了太多，但这也不过是一个为了爱不顾一切的女孩所做的正常之举。如果后来的那个人不能理解，这正好证明了他的狭隘和自私。因为他爱上的只是你的躯壳，而不是你的灵魂。当你生了病、当你被毁容、当你失去劳动能力时，即使你仍是完整的，这样的男人也会弃你而去。

只有能包容你过去一切的男人才会真正地做到："无论贫穷还是富有，疾病还是健康，相爱相敬不离不弃，死亡也不能把我们分离。"

当然，这并不是鼓励姑娘们把自己的前尘往事一股脑地告诉他，但如果对方连你曾经真心爱过另一个人的事实都不愿意承认和接受，这样的人也不值得你付出什么。

7．用新的爱情疗伤，越疗越伤

当失恋成为不可挽回的事实时，你会怎么办？是躲回自己的贝壳里静静疗伤，还是寻找新的光明温暖你破碎的心房？

楚雯被甩了，那个曾经把她说成是世界上最可爱的小天使的男人爱上了别人，楚雯的心像被泼湿了的宣纸，皱在一起，团成一团。

这时楚雯遇到了向铭，向铭热情地邀请楚雯参加他的车友聚会，带她去不同的地方散心，温柔地牵她的手，珍惜地吻她的额头。楚雯想，这样温柔的男人应该能弥补我失去的东西吧。于是他们相爱了。

新的恋情的确暂时缓解了楚雯对初恋的回忆，一度她也以为自己是真的爱上了向铭，以为过去的一切都已经忘记。她信心满满地准备跟随向铭走向新的爱情之旅，可谁知一个电话打破了这一切。

电话是初恋打来的，只不过听到那熟悉的声音，楚雯就控制不住地抖了起来，挂了电话后满脑子都萦绕着他的声音、他的面容、他的味道。楚雯这才知道自己从来都没有真的把他从心里拔去，他仍是她心里的一根刺。

初恋是楚雯的高中同学，这个电话是邀楚雯一起参加同学聚会的。同学们还不知道他们已经分手，因此初恋担任了邀请的重任。电话里他说："楚雯，我们还是朋友吧？"楚雯的心重重地跳起来，"当然，当然是朋友。"

从同学聚会回来后，楚雯变了，她不爱说话也不爱笑，每天回家就是对着角落发呆，有时连向铭回来都不知道。她看向铭也越来越不顺眼，没有初恋年轻，没有初恋帅，没有初恋能说会道，一身的铜臭味，连自己女朋友难过了这么久居然还什么都不知道。

好吧，对于不爱了的人来说，原来连有钱也能成为罪过。

楚雯看向铭越来越不顺眼，争吵时不时就会发生，两人都闹得筋疲力尽。向铭说，"不如我们分开一段时间吧。"楚雯赌气地说："好啊！我巴不得。"

楚雯确实有些巴不得。原来在同学聚会上，喝醉了的初恋给楚雯唱了一首他们俩相爱的时候经常唱的歌，楚雯猜想他还是爱她的吧。向铭在的时候她不敢放纵自己乱想，现在向铭主动走了，她的心理负担一下子轻了，立刻打算投向初恋的怀抱。

花开两朵各表一枝。且说向铭离开楚雯后整日魂不守舍，一天驱车走过两人留下爱的记忆的广场时，突然惊见楚雯竟拉着一个年轻男人的手哀哀哭泣。向铭先是一惊，难道楚雯被人欺负了？仔细一看不像，是她拉着别人，那个男人可是一直想走的样子。难道是因为与自己分手，求人家来做中间人说和说和？向铭马上打消了这个念头，因为那人他根本就不认识。他这边正胡思乱想着，那边楚雯已经把对方抱住了。大为震惊的向铭差点就要下车揍人，后来理智占了上风，他恨恨地离开了现场。

数月后，一直没有联系的楚雯给向铭打来电话，希望两人和好，向铭断然拒绝。楚雯以为向铭劈腿，向铭不忍揭穿楚雯，于是默认了。

自以为连着遭遇两场劈腿的楚雯悲伤得无以复加，完全不认为自己有问题，把所有的错都怪罪到初恋、向铭以及命运身上。

事实上推卸责任是行不通的，在人生这条路上没有任何人能真的为你挡风遮雨。楚雯的问题在于，她把新的爱情当成了疗养院。在她还没有从一场失败的恋情里完全走出来时，她就急着寻找另一场爱情来代替初恋的位置，她其实一直是在和回忆中的初恋在恋爱。

当她看中向铭与初恋相同的那部分时，她爱上向铭，同时又屏蔽向铭与初恋不合的部分完全不加接受；当初恋又出现在生活中时，她将向铭一把推开，不顾一切地朝初恋奔去。等她再次被伤得体无完肤时才想到重新回到向铭的身边接受向铭的温柔呵护。她真的把向铭当成疗养院的医生，但即使是医生也不能呼之则来挥之则去呀！

失恋不可怕，如果你能把对方加诸在你身上的包袱，包括一切习惯、记忆、感情通通抛弃，自己站起来。如果包袱还没扔又接受新的爱情，那新的爱情也会变成沉重的包袱，你身上的包袱就会越来越重，直到把你的生活完全毁掉。

8. 不要在同一个地方跌倒

小时候孩子不太会走路，颤巍巍地离开母亲的手掌时经常会跌得鼻青脸肿。有些孩子不会总结经验，每次走到同一个地方的时候都会喜剧性地跌倒在地，引来周围大人善意的笑声。

当你长大了，你以为你成熟了，可是你的心灵还和刚刚离开母亲手掌的小娃娃一般。家长一不看着你，你就容易出状况。

素梅的第一次爱情很失败，她网恋认识了一个男孩，对方比她大两岁。两人在网上互称老公老婆，你来我往好不甜蜜。素梅虽然也听说过网络骗子这回事，但她还是单纯固执地认为他们两人是真爱，是月下老人牵定的红线，是不会有问题的。因此，在她连对方是做什么工作都没了解的情况下就只身一人奔赴到对方所在的城市。

此前素梅也只是见过他的一张相片而已，看到真人，说实话真的很失望。他长得瘦，所以照片上显得高，其实身高才1.68米，和穿着高跟鞋的素梅差不多高。他曾说他是学电脑的，结果一看工作是网管，连个像样的住处都没有，是跟人家挤的宿舍。素梅压了压心里的不满，想到从前网上两人的海誓山盟，想到这是真爱，不应该有这样世俗的标准，她释然了。

吃了饭逛了街看了电影，有些拘束的两人找到了共同的话题，手也终于牵到了一起。后来两人相恋了两年，随着时间的推移，那种第一次见面时产生的不满不但没有消失，反而一直跟随着素梅，时不时就会跳出来。终于在一次争吵中素梅爆发了，她将从认识到现在的不满一股脑儿地倒了出来。尽管男友现在的情况比之当初好了许多，但也抵不住素梅的恶语相向。于是两人分手了。

分手后，素梅先后遇到过几个条件相当不错的男人，长相、家世、工作都挺好。可素梅古怪地认为他们喜欢的不过是她长得还算标致的脸，不是她内心的灵魂。因此都没怎么交往。

第二次恋情发生在分手后的第二年。她在网上又认识了一个风趣幽默的男人，她觉得这次肯定是真爱了，于是又奋不顾身地投入到新的爱情中。谁知对方只是个喜欢逗小妹妹玩的中年男人，孩子都上初中了。素梅再一次铩羽而归。

素梅的问题不过是，有钱、条件好的现实中的男人，她认为对方是看上了她的容貌不是她的内在；而网上与她聊得来并没有见过她的人就是爱上了她的内在而不是外貌。如果她真的相信这样就是真爱，那么自然对物质条件不应该太在意；但她偏偏对对方的外在条件又是非常在意的。

总结来说，素梅就是那种传说中永远不知道自己想要的究竟是什么的人。她对自己的容貌有着难以解释的介怀，因此讨厌爱上自己容貌的男子；又对自己的内在有着执著的自信，因此容易爱上没见过面却对自己表达好感的人。她在乎物质，但她又压抑着这种渴望，想表现得清高。

如果她在第一次恋情结束的时候认清自己的问题，那第二次就不会犯同样的错误，可惜她连想都没想过这是自己的问题，于是又在第二次恋情上栽了跟头。如果她再不认清自己，我相信她将一生都陷在这种永远得不到想要的东西的游戏上，然后慢慢地浪费她稀里糊涂的生命。

9．不要让失恋蒙住了你的眼睛

失恋的确不是一件美妙的事情，有时甚至是一种对爱情信仰的伤害，有的人对伤害会承受一段时间后慢慢消化，而有的人却会被伤害一辈子。

流畅先后被两任男友劈腿过，当她第三次恋爱时，她觉得自己已经不太知道如何去爱了。她不想付出，认为付出越多伤害越大；她又对他管束太多，有时多到自己都觉得不可理喻。可她控制不住自己。

当他回来晚，她会不停地打电话，打了又挂挂了又打，然后关机，不接来自他的电话。直到他站到她面前。

当他在网上和朋友聊天聊得眉飞色舞的时候，她一定会脸色难看。有时还会趁他不在偷看聊天记录，也不管内容是什么，只要对方是女性，必要大闹一通。后来他的QQ上清一色全是她认识的男性朋友。

当他出差回来，她要么连着几天不见人影，要么对他进行全身搜查。

她对他总是时冷时热，两个人也常常是时分时合。后来他受不了了，提出分手。她突然后悔了，明明告诉自己不要投入太多的，可听到“分手”还是心疼得无以复加。她求他和好，可他说他已经累了，想要休息。她于是就一哭二闹三上吊，后来他实在受不了了，就说：“流畅，你根本就没爱过我，你现在闹的是什么呢？”

流畅这才想到，是呀，自己从来都说并不爱他，为什么还要闹？

人只要一安静下来想事情，就总能有新的发现。

流畅想了很多。想到过去受到的种种伤害，想到自己对这段爱情所做的一切伤害。她在伤害中学会的不是如何弥合伤口，反而是用这伤害去伤害别人。

流畅终于明白了自己的问题，虽然她一时半会儿还无法改变自己身上的缺点。她与男友分手后辞了工作给自己放了个大假，她辗转许多地方，去了许多城市。半年的时间下来，不仅视野开阔了，心胸也开阔了。她放下了过去的种种伤害，从此轻装上路。

我们都是寻爱的小孩，有时候不明白为什么会受到伤害。这就像命运一样不可捉摸，不可预测。我们能掌握的不是别人的行踪或心意，我们能掌握的只有自己的心。

做一个坚强的人，当伤害来临的时候我们能微笑面对，当幸福来临的时候我们才能坦然承受。

突然想到《潜伏》的最后，翠萍抱着孩子站在高山顶上看着通往山外的小路，虽然她是微微笑着的，生活让她处于战乱，让她失去爱人，让她明明有功也不能光明正大地生活，明明很爱孩子也不能给孩子更好的教育。但她接受了，她像任何一个坦然接受命运安排的大别山女人一样坚强地接受并承担。

女人，你的名字不是脆弱，不要随便让伤害蒙住了自己的眼睛。

10. 感恩旧爱

现在，我想说一个跟爱情没有关系的故事。

有一对玩得非常要好的朋友，她们吵架了，两人不约而同地找到了C。A和C家住得近，她先来找C，对她说：“我再也不和B玩了，她太小气了。昨天我们一起上街时我看中了一本书，刚好钱没带够，她帮我付的钱。我今天还她钱时，她竟然连几毛几分都算得清清楚楚的。太小气，太斤斤计较，太让人失望了。”

C听了很认同，朋友间的确不应该计较太多，平时一块儿吃吃喝喝的时候也没人计较谁吃多了谁吃少了，几毛钱而已，计较太多的确是不够朋友。

第二天，B遇到C也对她抱怨：“你说A是怎么回事呀！昨天莫名其妙地就和我吵架了。”

C说：“你们是不是为钱争执了？”

B说：“是呀！这有什么不对吗？”

C说：“她觉得你太斤斤计较了，你们是好朋友不应该把什么事情都算得这么细呀！”

B说：“这是应该的呀，亲兄弟还明算账呢。我们有东西可以一起玩，有好吃的可以一起吃，但钱不是我们挣的是父母给的，应该丁是丁卯是卯才对。”

B这么一说，C也觉得很有道理。父母生养我们不容易，挣钱更加不容易。虽然几分几毛是小钱，但在当时几毛钱还能买一把青菜呢！

C分析两人的矛盾还没到不可调和的程度，争吵也只是因为观念不同而已，可能因为一时意气说了伤害对方的话，只要心平气和地把自己的道理说清楚肯定能够互相理解的。于是C好心地设计了一出促使两人和好的戏码。C先把A请过来，和她说了B的想法，A果然有些动摇；然后C说：“不如我给B打个电话吧，你别出声就听我们说，你就知道她怎么想的了。”

A同意了，于是C开着免提给B打电话，先是寒暄了两下，C

和A都有点儿兴奋，感觉像是在偷听别人的真心话。然后C把话题扯到A和B的争吵上，而当B说出一串责怪抱怨的话时，A的脸刷地一下就白了，眼泪怎么止也止不住。C立刻意识到自己说错话了，紧接着，C又说错了一句话，她告诉B说："你别说了，你刚说的，A就在我边上都听到了。"然后B气急败坏地挂了电话。好吧，C两头都得罪了。

C没想到的是，一个星期后，她看到A和B亲亲热热地挽着胳膊走在一起，像是两姐妹一样，和她们打招呼，她们连看都不看C一眼，并且从那以后再也不与C一起玩了。

这个笨C就是我。那时我很难过，我觉得虽然我劝和她们的方法用错了，但心是好的，为什么她们竟会讨厌我呢？

后来又有过很多好心办坏事的经历：捡了别人掉的钱，人家以为是我偷走的；帮老人家提行李，人家却用戒备的眼神看着我……有段时间这样的事情总是发生在我的身上，我自认为什么也没做错，可为什么总这么倒霉？

于是我纠结于自己并没有做错的那部分，严重放大自己的好心和别人的不领情；伤心失望吞灭了光明的人生，压抑着自己独来独往，心也越来越不快乐。直到有一天，有个朋友上午刚跟我说了另一个人是如何如何的坏透了，下午她就和那人手挽手去逛商场了。我突然明白，原来自己了解的那部分并不是事情的全部。

我相信很多人都曾像我一样以为自己看到的就是小说中全能的上帝视角，能知道每个人内心的真实想法，能明白世间的一切真理。可是我们并不是神，我们只是普通人。

就好像A对我说B的坏话的时候，她会根据当时的情感需要刻意把B对她的伤害放大，然后不经意间把对B的好感撇开不说。当A和B和好的时候，她们俩又会把两人间的好感放大，把曾经的尴尬和不满转嫁到我身上，不再理我。就好像上午说人坏话，下午一起逛街的那个朋友，她在说坏话的时候其实是在向我倾诉别人对她的伤害，倾诉的结果是她把坏情绪倒给了我并让我信以为真，然后她抛下了负面情绪与对方快乐地交往。这并不是她要欺骗我，因为每个人的情感都需要倾诉，错就错在我自己对此信以为真。

朋友，当你遭遇感情挫折的时候，是否也会放大自己做得好的那部分，而不小心忽略了自己做错了的那部分？当你为了自己被伤害的那部分伤心失望的时候，你有可能也已经把对方弄得遍体鳞伤。

我们不必强求自己做一个圣人，在别人打左脸一巴掌后再伸出右脸让人继续打。但我们至少要明白在一段感情里不可能只有一个人是对的或者只有一个人是错的。就算对方伤害了你，回想你们最初爱上的甜蜜日子，你就不能否认他也曾带给你快乐的时光。

不论是什么原因造成了你们的分离，请你一定要记得感谢他。感谢他曾带给你的快乐，虽然如今比较悲伤；感谢他的离去，给了你寻找正确爱情的机会；或者干脆感谢他的及时退出，让你早一步走出错误的爱情。

因为这感谢，你会正视自己过去的对错；因为这感谢，你会更加从容面对以后的生活。

失去并不意味着终点，不过是重新来过而已。感谢他吧！这也是为了放下种种求不得和已失去，成全一个海阔天空的自己。

不论是什么原因造成了你们的分离，请你一定要记得感谢他。感谢他曾带给你的快乐，虽然如今比较悲伤；感谢他的离去，给了你寻找正确爱情的机会；或者干脆感谢他的及时退出，让你早一步走出错误的爱情。

因为这感谢你会正视自己过去的对错；因为这感谢你会更加从容面对以后的生活。失去不是爱情的终点，只是给你机会重新来过。

九　爱情的转角

1．失恋教人学会爱

对于恋爱，每个人都会有不同的理解。有的人坚持要全身心地付出，有的人坚持应该为自己留点余地；有的人会爱得很纯很真，有的人则爱得疯狂。如果不小心遭遇失恋，全身心付出的人被伤害，为自己留了余地的人会后悔，很纯很真的人会怪自己太纯太真，疯狂的人则会继续疯狂。

其实无论你怎么做都不能保证这会是场天长地久的爱情。人生的旅程太过漫长而无法预测，你们因相知相爱而走到一起，也会因为互相不适合而分离。面对分离，你是一个劲儿地哭泣还是愤怒地责备对方？你是尽力挽回还是潇洒离去？或者你干脆以命相胁，要求他为你的生命负上全责？

有时我们对爱情的理解会比较肤浅，就像小时候玩过家家似的。他过来邀你一起过家家，你瞧着他长得不赖就同意了。你们一起玩，你抢他的画笔，他抢你的玩具。你们有时候玩得开心，有时候又吵得不可开交。生气的时候，你把他心爱的画笔踩碎了，他把你的玩具都扔到河里。然后他说再也不和你玩了。

他走了，真的走了，你不敢相信。你这才明白，原来他才是你最珍贵的玩具。你不顾一切地去求他回来继续和你玩，你做出一切你以前做不出来的事情，你放下一切自尊。你对自己说，再坚持一下，一下就好了，我的玩具就回来了。

或许他真的回来了，你们继续之前的生活，你继续抢他的画笔，继续又踩碎，然后他又走了。

你看到了吗？男人与女人的爱情其实也是这样的。如果想要永远在一起，就要互相尊重互相爱护。如果永远只是一方付出另一方接受，这样的爱情不可能长久，没有哪个人有这样源源不断的爱能一直给予你，你也不会有足够宽阔的胸怀能收纳如此多的奉献。

说句俗点的话，有借有还，再借不难。当你们的爱情收支不平衡的时候，你们分手了。你这时应该做的不是怨恨对方不守承诺，因为可能不守承诺的首先是你自己。你要总结自己在这段感情里究竟做错了什么？究竟是付出得太少了，还是付出得太多了。

当你想明白以后，你爱的技巧就会更成熟，下次恋爱成功的几率也就会更大。加油吧！

2．如何处理自己的EX

所谓“EX”，就是“前任”的意思。

好不容易忘记旧爱，重新开始新的恋情。这边爱得情真意切，那边EX突然驾到；旧情难舍，新欢正浓，这可如何是好？以下四招，小心记好。

①绝

既然决定开始一段新感情，就要先绝了对前任男友的任何幻想，即使对方找上门来也要做到“我自岿然不动”，否则就不要妄动感情。

伶倩失恋后一直闷在家里不出门，家人很是担心，于是给她介绍了几个相亲对象。原本闷闷不乐的她自从在相亲时遇到幽默开朗的遥乐后整个人都变了，又变回从前那个快乐的伶倩。经过三个月的交往，伶倩决定和遥乐正式牵手，可谁知这时前任男友突然冒了出来，说打算与她重归于好。

这该怎么办？前任是她爱了三年的人，至今不能忘记，但他也曾带给自己无法弥补的痛苦。而现任是个很好很幽默的人，给了自己快乐和自信。她向朋友取经，有朋友就出馊主意说：“既然这么难取舍，那就两个先都处着呗。看哪个更好就选哪个。”

伶倩就信了这个馊主意。她两边都交往着，今天和这个约会，明天和那个吃饭。前任因为自觉对她不起所以就让着她也不计较，而现任遥乐敏感地察觉到伶倩有问题。经过几次试探和跟踪，遥乐知道了前任的存在，二话没说自己走人了。

直到遥乐走了，伶倩才真正明白自己究竟错过了什么。前任的回头让她暂时找回了丢失的信心，但遥乐的离开给了她更沉重的打击。等她发现自己真正爱的人是遥乐的时候，已经太晚了。

爱情是唯一的、排他的，如果你真爱一个人就绝不允许他因为你的原因而受到任何不公平的待遇。而无论伶倩爱的是哪位，脚踩两只船都是对爱人无可挽回的伤害。

②快

感情的事情一定要快刀斩乱麻，干干脆脆，人生只有一次，青春也不过几年。你经得起几年的等待？所以处理前任就一定要快，一定不要让现任有任何发觉的机会。任何拖泥带水的做法都是对现任的伤害，即使他并不知情。

③狠

既要对自己狠，也要对前任狠。对自己狠是指如果你决定放弃的话就一定要放弃到底，犹豫不会给自己带来任何实质性的好处。决定和前任分手就意味着你们之间有不可调和的矛盾，决定接受现任就代表你已经找不到任何与前任继续下去的理由。所以一定要狠，不可给前任留下任何幻想。这既是对自己负责，也是为对方寻找新的幸福开路。

人有时候难免会有些奢望，有人贪财，有人贪权，还有一种人既不贪财也不贪权，他们渴望从他人那里得到关怀和爱。他们用类似多个朋友多条路、只做好朋友不谈感情这样的理由来说服自己，自欺欺人地说那只是纯粹的朋友之情。可实际上这样的暧昧氛围更叫他们的爱人抓狂。

人其实都是有贪念的，但区别是有的人懂得取舍，有的人则不懂。懂取舍的人会把注定无果的感情狠狠心断掉，一心只捧着那值得珍惜的感情；而这份感情因为营养丰富于是长成大树，结出果实。而有的人则太贪心，这也想要那也想要，像个孩子一样，一手抱一个还不够怀里还要抢一个，结果拿不稳全都打烂在地了。

人的一生能有几年时间任你左挑右选？当你蹉跎岁月、青春逝去之后，就不是你挑别人，而是别人挑你了。

④ 准

下定决心要处理前任后，最重要的就是一击必中，但也不可矫枉过正，导致对方怨恨、报复自己。最好的方法是讲道理表决心，让对方明白你们已经没有可能。其次是击软肋，既然是前任，对方喜欢什么讨厌什么你终归还是知道一点的。把自己变成他最讨厌的那种人，他自然就不会再回头了。这个方法虽然有些损害自己的形象，但为了现在或以后的完美爱情还是值得的。

最后，也许有的人并不是想左拥右抱，而是回想起从前在一起的快乐岁月有些犹豫和彷徨，这是可以理解的。但可以理解不代表可以放纵，约束好自己的心，尽快地做个决定吧。除此之外别无他法。

3．如何处理他的EX

前任是你们之间天然的小三，他们相爱在你们认识之前，他们海誓山盟的时候你只是无缘路人，他们曾经也爱得天崩地裂，难分难舍，然后突然两人因为某些原因分手，于是才有你参与的机会。

对前任来说，如果她还余情未了，自然视自己为正牌女友，而你才是后来居上的小三。也许不能从对男友的感情上胜过你，但完全能从道德上蔑视你，这种蔑视一定会让你很不爽的。可能她与他在一起的时间比你还长，拥有共同的习惯、共同的朋友圈，甚至还有共同的不可磨灭的关于青春的记忆。你是否会为此而惴惴不安？只是你应该知道，一个真正的好男人是绝不会让你陷入这种境地的。

不过世上的男人大多也都是普通男人，有着普通的事业、普通的情感需求。也许因为工作需要而与前女友合作，也许因为共同的朋友不可避免地要见面，也许因为一个分手也可以做朋友的承诺而来往……凡此种种，他们来往得光明正大，而你即使把银牙咬碎也只能和了血一块吞下去。

难道我们真的一点办法也没有了吗？不，有的。不过具体情况得具体分析，你可以根据以下类别分析自己的情况属于哪种，然后开始作战计划。爱情就是一场场战役，祝你得胜而还。

第一类：基础薄弱型

这一类是最容易被前任搅和分手的。两人刚刚好了没几天，前任突然登堂入室。男友口口声声保证她只是普通朋友，你也愿意相信，可你每每看到他们通电话、见面、吃饭，心里又疼得不得了。想放弃吧，舍不得，喜欢一个人哪能轻易放弃？不放弃吧，又过得不开心。他们就这样当着你的面你来我往，你怎么能开心？反正感情投入也不多，对他的信任也不够，他今天说是普通朋友，谁知道明天会不会旧情复燃？万一真复燃了，你岂不就成了万年炮灰女配角了？

如果他坚决不肯和她彻底了断，让你这么不甘心、不开心、不放心，最好的选择就是和他说“拜拜”！

第二类：感情深厚型

这一类的情侣因为经过了比较长时间的磨合，双方都对对方有比较深的了解，也已经完全融入了对方的生活，感情相当稳定。出于一些特殊原因的需要，他需要与前任来往，但都会当着你的面或者带上你。而你也因为对对方的足够了解和深厚感情非常放心，不会有对他们的感情存在疑问的想法。当然，由于女人的敏感有时候难免还是会自寻烦恼，但对方会给你足够的力量走出来。因此这类感情的前任几乎没有什么威胁力。

第三类：外忧内患型

你们的感情有一定基础，但也有一些矛盾；而前任回来主要就是为了跟你抢夺男友，火力猛，效果显著。这一类要一分为二来看。

① 如果你们双方的感情确实已经吵得很淡了，对方对前任女友的感情也是暧昧不清，那你赶紧放手吧，没必要为了争一时的意气而闹得两败俱伤。

② 本来你们感情还可以，但是前任一回头男友却有些心软了，你们因而大吵三六九，小吵天天有。这样的你是不理智的。如果你还爱他，请参考下一节阿雅的故事，可帮你挽回爱情。

4．请他理解你（Ⅰ）

阿雅长得挺好，但她更善于打扮自己，因此七分人才三分打扮，阿雅成了朋友中有名的美女。

阿雅常说要想做美女就一定要花心思，她也常说要想拥有完美的爱情也一定要花心思，就连养宠物都要花心思，更何况是男人？

阿雅和男友相恋了三年，正准备谈婚论嫁的时候，男友的前任突然空降回国，打破了阿雅平静的生活。

关于前任，阿雅在与男友相恋之初就有所耳闻。她是男友的大学校友，两人相恋四年，在毕业时前任选择出国深造，而男友则留下创业。本来两人约好要等待对方，但谁知感情终究敌不过千山万水的阻隔，前任在国外另觅了他人。后来男友伤心了一段时间，这期间认识了阿雅，阿雅开导了他良多，然后才走到一起的。

如今两人在一起也已经三年，而前任离开已有五年，阿雅评了评分，感觉自己优势还是挺大的，因此对于前任的光临并没有什么太大的意见，毕竟那也是他过去不可抹去的经历。

开始时前任只是托男友帮忙找找房子，阿雅那段时间忙，就任由男友自己处理了。但男友坚持每次见面都乖乖给阿雅汇报，阿雅还笑话了他几句。后来男友的表情越来越沉重，电话也越来越多，前任的房子租没租下来也没有下文了，阿雅敏感地意识到情况有变。

阿雅其实只是表面上装作不在意，她不想给男友一个太强势的印象，因为她相信男人都更喜欢小鸟依人型的女人。但是实际上她一点儿也没放轻松，时刻保持着警惕，所以才及时发现了男友的变化。

于是她改变策略，变被动为主动，主动问起前任的现状。男友如实答了，原来房子就租在附近的小区，走路几分钟就能到。阿雅心里一惊，这是个什么状况？看男友有些小心翼翼的神情，阿雅不动声色地说：“这么近啊，真好，以后可以随时一起玩啊！”

男友几乎是条件反射地说：“不会的，我的工作很忙，没时间玩。”

看到男友的神情和反应，阿雅心中大定。她心想：男友的心还在自己这里，那租住在这附近一定是那个女人的要求了。估计又是请男友帮忙租房时的那套借口，什么“刚回国，这里人生地不熟的，我就相信你啊”之类的。哼！当我这个正牌女友是吃素的吗？以为你们还是当年的关系呀！

阿雅对男友的性格有着比较清醒的认识。男友在这事上处理得有些拖泥带水，是因为他比较重感情，而阿雅也正是看重他重感情这点才选择了他。既然要享受好处，就也要承担起好处所带来的责任，阿雅决定自己出马帮助男友解决前任。

第一波攻击。阿雅说想认识认识前任，以帮侄子讨教出国留学的程序为名。男友带着阿雅去和前任吃饭，一顿饭阿雅嘴里和前任聊着，手中忙不停地给男友夹菜倒水，同时还不忘招呼前任，完全就是一派女主人形象。男友本来有些坐立不安，但看到阿雅从容的样子，自己也放松了下来，这一放松眉眼间就完全把对阿雅的宠爱都表现了出来，阿雅心里赞着男友的表现，一面观察前任。虽然什么也没看出来，但阿雅从前任过于秀气的进食判断对方一定正生闷气呢。

第二波防守。也许阿雅在饭席间的做派激起了前任的斗志，她借口反正阿雅也见过自己，应该放心了的理由一再地把男友借走。每次都变换着不同的花样，什么水表坏了，电灯坏了，马桶坏了，等等。男友不胜其扰，阿雅又开始变主动为被动。一开始对此不置可否，在男友表现出厌烦的时候，才懒洋洋地给男友支招。“你笨啊，不会给她找水电工啊？”男友立刻竖起大拇指夸奖阿雅。

不过，就算男友不表现出厌烦，阿雅也自有办法拆招。她老早就准备好了，一看不对马上装生病。现女友生病重要还是前女友的电灯、马桶重要？正好顺带考验一下男友的真心。

5．请他理解你（Ⅱ）

第三波坚守。前任到后来纠缠得有些无理取闹了，经常半夜三更打电话来哭诉自己的遭遇，常常一个电话就打好几个小时。

这件事让阿雅很郁闷。在前两次交锋中，阿雅都很清醒地看到了男友对自己的心意，但是这一段时间，男友竟然背着自己接电话，让她心里没了底，难道他动摇了？

阿雅开始忍耐了几天，可电话并未减少。某天她终于觉得自己的耐心到了尽头，男友又一次跑出去接电话时，阿雅收拾好行李坐在屋里静静地等他。

在等待的时候，阿雅想了很多很多，包括他们间的点点滴滴，也包括万一男友生气应该怎么应对，想着想着心里就开始有些懊悔，是不是不应该用这种极端的方法去逼他？万一适得其反怎么办？正想着，男友就回来了。阿雅本有些彷徨，但一看到男友不知怎么地眼泪哗的一下就冒了上来。阿雅并没准备哭的，但委屈一上来也控制不住了。

好吧现在什么也不用说了，这一把眼泪的男友还有什么不明白的。阿雅深觉自己过分了，有点弄假成真的样子，一边抽泣一边跟男友道歉，把自己心里这段时间以来的想法一五一十地跟男友都说了。其实人心都是肉长的，有什么道理是说不通而非要用喊、用叫、用打、用骂去表达的呢？

如果此时阿雅盛气凌人地对男友进行劈头盖脸的责骂，男友也许会觉得有些亏欠，但他毕竟还没做坏事，就免不了也要争辩两句。然后在这种不理智的情况下两人的争执升级成争吵，最后可能阿雅不得不真的走出去。这段感情也就给了外人可乘之机。

阿雅没有吵，她想闹也因为一哭而破坏计划没有闹成功，反而开始了自我批评。听到阿雅的自我批评，男友也赶紧自我批评，阿雅这才知道原来男友其实并不想接前任的电话，但更不想被前任堵在路上造成阿雅的误会，因为前任还真的堵过两回。所以才无奈答应前任每天晚上陪她说说话。

两人经过一晚上的批评与自我批评，感情更加融洽了。但问题还没完全解决，前任还是每天都会打电话来。

第四波破敌。为了帮助男友成功摆脱前任这个瘟神，这几天前任打电话过来时阿雅都要在男友身边故意捣乱。有时候她一边听前任的唠叨一边表演前任可能出现的表情，逗男友笑；有时候她就在一边不停地大声提出让男友拿东西的要求，干扰男友接电话。同时还大方地对电话里的前任说："姐姐，不好意思耽误你说话了，待会就好啦！"表现得落落大方却气得前任半死。后来果真电话越来越少，半年后终于没有了。有一次阿雅远远地看到前任和一个男子手牵手散步，原来她已经找到了新欢。

这场风波前后折腾了半年时间，虽然有些累，但阿雅更感动于男友默默地宽容她的一切任性和小动作。最开始前任出现时，阿雅和男友间就有了小小裂痕，阿雅不敢直接说不希望他们再见面，只能表现得落落大方。男友虽然很磊落，但当前任表示还爱着他时，他又怕阿雅误会而不敢告诉她。他们互相并不了解对方的痛苦和想法，于是各自痛苦着自己的痛苦。如果这时阿雅放任，估计感情就算够深厚也免不了一番波折。

阿雅出击时也没有就此事与男友进行过具体的沟通，都是面上的泛泛而谈。从攻击到防守，阿雅和男友都是各自战斗，并未形成统一战线。

直到坚守时，两人终于有了一个契机对此事进行了深入的沟通，双方明白了对方的意图，所以才能在破敌时亲密无间地合作。

阿雅的故事让人感慨良多，就像歌里唱的那样，不经历风雨怎能见彩虹？当风雨来时才是真正考验两人情感的时候。有的人轻易放弃了，有的人用错了方法造成了不可弥补的伤痕。

其实女人有时完全可以表现得软弱一点，让对方看到你的脆弱没有什么不好。做错了事姿态放低一点请求对方的谅解，对方如果爱你就一定会谅解你。

就像武侠小说里的双剑合璧一般，成功地度过感情危机同样需要两人之间的信任和默契。而感情的升华往往就藏在一次又一次的危机之中。

6．许他一个美好未来

话说，有个丈夫出轨了，妻子觉得度日如年、生不如死。丈夫对妻子说："我只是和你待腻了，我出去散散心而已，我会回来的。”

为了这个承诺，妻子开始学跳舞、学打扮，把自己打扮得年轻而妩媚。然后她每天等丈夫回来。

一年之后，丈夫终于回来了，妻子觉得自己所做的一切都是值得的。

可惜好景不长，丈夫只在家里呆了一年，又说：“虽然你现在很美，但你每天都不做家务，家里都是保姆在打理。但你不知道我非常不喜欢家里有外人。我现在出去散散心，如果回来时看到你变能干了，我们再在一起。”说完，丈夫又走了。

妻子反思自己确实有些疏忽了，赶忙把从前丈夫爱吃的菜都练了起来。等一年后丈夫回家时，妻子用业余时间考了一个高级厨师资格证。丈夫很满意，住了下来。

又一年过去，丈夫又说：“这几年你的改进我很满意，但你的品位不太高我带不出去啊。你应该多看看书，多学点知识，别整天打麻将。好了，我走了！你改了后我会回来的。”

在丈夫会回来的承诺保证下，妻子忍着痛戒了麻将，开始上各种礼仪、才艺和欣赏鉴定班，开阔了视野增长了见识。丈夫觉得这个全新的妻子终于能够配得上自己了，于是就回来再也不走了。

不要纠结于只为某一个人而活的人生是否失去了自我，其实这只是打一棒给个枣的家庭故事版。给对方一个对未来的憧憬是每个公司都会采用的员工激励手段。通过对未来的具体描述，增加员工对公司的向心力。

被大家普遍使用的，必然是有一定道理的。就像故事里的妻子一样，为了一个美好的能与丈夫永远在一起的梦想，她努力改变自己，努力学习各种知识。人类被梦想激发出来的潜能是巨大的。如果你也能给你爱的人一个他梦想的未来，那么他对你们之间的感情也会有着无比的期待，也不会轻易从外围去寻找感情慰藉。

但如果他对你们的未来已经失去了梦想的激情，你就要小心了，这代表他已经厌倦了你们之间的乏味，他认定你们之间只有现在那样淡泊如水的生活，不太可能有什么变化。这时你就要积极地做出改变，让他重新对你产生信心。

平时不妨与你的他一起构想一下你们将来的小窝、将来的生活以及将来的孩子，想得越具体越好。然后根据他的构想把现阶段能做到的帮他实现，这样他会对未来更加期待。

7．爱情需要考验吗

从前看过一个小故事，内容大概是一男一女相亲，女的听从家人的指导，故意晚去了半小时考验男方的诚意，结果此男认为不守时的女子不值得等待，于是到时间就走了，因此相亲没有成功。这个故事太普通，可不普通的是这个男人后来成了日本的首相。故事是从《故事会》上看到的，内容不知真假，或许多半是不靠谱的。

故事内容不一定是真的，但很现实。现在很多女孩子约会都喜欢迟到，我曾听说有一个女孩故意迟到了一个半小时来考验男友的耐心。虽说万一试坏了，对方也不可能因此而成为日本的首相，所以也没什么可遗憾的。

说到考验，感情如果需要用考验来证明，其实正说明了女孩对自己没有什么信心。当然，现在社会上劈腿、小三的故事听多了，初涉爱河的姑娘对自己没信心是很正常的。但是考验的方法不可以太过分，感情的双方是平等的，有时候考验别人的同时也考验了你自己。就像上面那个迟到一个半小时的姑娘，也许你是考验男友的耐心，而男友恰恰可以通过这件事而考验出你对他的真心呢。谁也不是傻子，凭什么就许你考验对方，不许对方也考验你呢？

以下列出几个常用的爱情考验题目，姑娘们没事的时候可以拿来练练手，一般来说都是无负作用，男女通用的。

① 为了小事发脾气

做这个考验是测试对方的脾气如何。如果你的脾气很大，这个考验轻而易举就能做到。对方如果马上针锋相对，你快撤吧，他不适合你。

如果你脾气挺好，不妨也试着拿芝麻绿豆大的小事发次脾气。如果对方反应激烈，那就是个脾气有点大的主，以后你可就是受欺负的小可怜；如果对方马上安抚你，恭喜你，这样的好男人不好找呀！

注意：不可拿原则性的事情小题大做哦。

② 生病

生病简直是个天然的考验好机会。如果你身体特别好不怎么生病，不妨在来“亲戚”的那几天装作很痛苦的样子考验考验对方。如果他无动于衷，赶紧踹了他吧，不懂得照顾老婆的男人以后怎么可能负担养家的责任？

③ 询问他对未来的打算

一个无所事事、每日沉迷于电脑游戏的男人是不可能对未来有什么具体的想法的。如果是这样的男人，连考验的必要都没有，赶紧甩了吧，青春不等人。除此之外，一般男人你可以从他对未来的打算中看到他对生活的态度。

如果你向往物质丰富的生活，就不要找只会憧憬老婆、孩子、热炕头的男人；如果你只想过普通的平静的生活，你就不要找只憧憬事业成功的男人。只想着老婆、孩子、热炕头的男人大部分不会有太大的出息。而向往着事业成功的男人如果成功了，诱惑也会多；如果没成功，那他一生都会是个失败的愤青。

④ 让他买东西

你看中什么他都会买且不会嫌贵的男人，将来你们结婚了，你就是家里的财政专员，所有的钱都归你管；要你说了几遍才肯买给你的男人比较小气，以后不一定会把钱都交给你管。中国家庭习惯女主内男主外。女人不管财政，总觉得不像那么回事，你好好考虑吧。

⑤ 吃醋

这里说的吃醋可不是让对方吃醋哦，是你故意吃他的醋。吃醋实际上代表一个人很爱另一个人，如果你吃他的醋，他表现得很高兴，那说明他很在乎你的爱；如果你吃他的醋，他很生气，那说明对他来说，对别的女性有吸引力比你很爱他更重要。

8．信任是爱情的基石

不记得是在哪里看到的一则旧闻，说一名女孩和男友很恩爱，两人谈婚论嫁时女孩看了一篇小说，小说中的男主角一边和女友谈婚论嫁，一边又在外面花心。女孩看了以后突然对自己的爱情产生了怀疑，不知道男友会不会也像小说里写的那样一边打算和自己结婚，一边解开别的女人的衣扣。

女孩一面因担忧而日夜不宁，连觉也睡不好；一面又因为没有任何证据证明男友有问题而不敢轻易跟别人诉说。后来女孩终于想出了一个自以为两全其美的办法——考验男友。

她先是新申请了一个QQ号，用新QQ号和男友聊天。她故意找男友感兴趣的工作话题去聊，男友果然上钩，直言从没见过女孩子这么有思想。这时她一点也没有受到表扬的喜悦，反而觉得这更证实了自己的猜想。她又找了一张漂亮女孩的照片发过去，要求见面。男友同意了。

见面那天，她怒气冲冲地扇了前来见面的男友一耳光，然后哭着跑了。男友自然也明白了这是她的圈套。

男友很委屈也很愤怒。委屈是因为女孩为了吸引男友，表现得对他的行业很有见地，男友公司当时正好缺人，因此有点想把她招过来帮忙的意思，谁知却是这样的结果。愤怒是因为，女孩竟然用这样拙劣的办法考验自己，让他尊严扫地。

而女孩也有点用结果指导过程之嫌，她心里先认定男友一定会出轨，然后使尽一切办法去吸引他，一招不行再出一招，连见面也是她先说的。可是她不管过程，只看结果，只要男友出来了，就证明他出轨了。这个逻辑正常人都会觉得有问题，但女孩因为被结果控制了思想，所以看不到。

后来，女孩后悔了，她也发觉了自己的问题。但男友被她的行为弄得心灰意冷，本来就要踏进婚姻礼堂的两人就此分道扬镳。

上一节谈到，即使要考验对方也不能太过分。这既是对他的考验，也是对你自己的考验。刚陷入爱河的女孩对爱情有些不确定，用点无伤大雅的小考验也是对自己负责的行为，可以理解。但如果你们已经恋爱两三年，甚至已经谈婚论嫁，这时你才开始想办法考验对方，不嫌太晚了吗?

其实很多女孩都不太明白爱情究竟是怎么回事。一方面，她们不觉得爱情是两个人在一起快乐生活，反而认为爱情是为自己提供永久稳定生活的保障。她们认为爱情就应该是稳定的、长期的、不可能有变化的，就像她们的父母给她们的爱那样。

但另一方面她们又听信社会上的传言，片面地相信男人都是花心的，男人都是骗子，因此要设定出一些极端的方法来考验对方。只有在对方像考试一样通过了五花八门的考验之后才信任对方，从此再不为爱情做任何积极的努力。有着这样的想法的人，又怎么可能拥有幸福的爱情?

每个人都是独特的，怎么可能像检查商品一样去考验呢?爱本不过是两个人基于爱情而相互信任、互相依偎、互相温暖的过程，双方都是自由的个体，谁也不是谁的附庸，信任才是这段关系高度稳定的基石。

9．红玫瑰PK白玫瑰

“这两个男人各有各的优点。A现在和我在一起，性格热情大方，但有点大男子主义，经常会和我吵架。B温文尔雅，追我已经有三四年了，就连我选择了A做男朋友他也不曾动摇，一直默默地陪伴我。我真不知道应该和谁在一起才是正确的。”好朋友晓君问我。

这样的问题每天都会有人提出，问问题的人有男有女；每天也会有很多人回答，答案千奇百怪，也不乏真知灼见。

张爱玲有段话很透彻、很深刻也很凉薄，她说，娶了红玫瑰，久而久之，红的变了墙上的一抹蚊子血，白的还是“床前明月光”；娶了白玫瑰，白的便是衣服上沾的一粒饭黏子，红的却是心口上一颗朱砂痣。

人类的贪婪都是一样的，不论那人的性别是男还是女。当初两个男人同时追求晓君时，她也是经过了深思熟虑才选择的A。那时她跟我说：“B太不主动了，每次一起吃饭都没什么话说，太闷了；而且，我不让牵就真的不敢牵我的手。哪像A，才认识两天就送我红玫瑰，一个星期就牵了我的手，半个月就吻了我。我喜欢这样热情霸道的男人，跟B在一起没趣极了。”

当她看上A时，B对她的尊重也变成了过错。

和A在一起的日子时有争吵，心情不好的时候她就约B出来谈心。这时她慢慢忘记了B的无趣和无聊，开始觉得这样默默的守候才是真正值得依靠的；而A不过是过去的一场错误而已。

如果真能做出一个果断的决定也好，要命的是晓君既觉得B值得依靠，又舍不得和A的感情。然后她跑来问我，究竟应该怎么选择。

如果是10年前，我一定会顺着她的话同意她选择听上去很不错的B。但现在经验告诉我，不论我给出什么样的答案，对晓君来说都是没有意义的。

有些人很幸运，她们从出生起就注定拥有一些别人可望而不可及的优势。有的是权力，有的是金钱，有的是美貌，还有的是对异性的吸引力。上天的宠爱让她们忘记了自己其实也只是普通人中的一个，能享受到的也只是属于普通人的那一份普通的感情和生活。她们看着不停伸到面前来的不属于自己的东西，全想揣进怀里；结果变成了掉进包米地的猴子，最后怀里什么也没有剩下。

晓君开始纠缠在两个男人之间，开始时两个男人因为好胜而斗智斗勇争夺晓君的爱情，而晓君却很享受这种被争夺的乐趣。可是随着几年时间的过去，两个男人渐渐都对这游戏失去了信心和耐心。急于成家的愿望促使他们看清了自己，然后几乎同时离开了晓君。

这时晓君慌了，她最美好的时光已经遗失在被争夺的岁月里；当细纹渐渐爬上她的眼角，她需要一个稳定的家时，爱她的男人却都消失不见了。

姑娘呀，是谁曾说只爱你老去的容颜？是谁曾说对你永远不变？为什么这还没过多长时间，沧海却变成了桑田？见好就收吧，错过了春天，错过了花信，不能再错过秋播了，至少还能收一茬粮食呀！

10．认准最爱你的人

听了这么多关于分手的故事，你是否对这世界感到一丝茫然？人是最容易受到他人情绪影响的动物。当你看到别人高兴时，你的嘴角不自觉地会微笑；当你看到别人生气时，你的眉头不自觉地也会皱起。放轻松点姑娘，不幸的爱情各有各的不幸，但幸福的爱情都是一样的，都一样沉默不语。

你见过谁家天天嚷嚷着我们的爱情很幸福吗？幸福是不需要晒的，而痛苦才需要倾诉。倾诉是一种发泄的渠道，所以你才总是会在各种各样的论坛、媒体、书籍里看到千奇百怪的失恋故事。如果你因此而受到影响，不知道是否还能相信爱情，如果你面对追求你的人想爱又不敢爱，那么请你一定要往下看——什么样的男子才是最爱你的人。

① 包容

他会包容你的所有，包括你做的好事或者错事；包容你的磨牙，你的挑食，包容你偶尔的任性，偶尔的张扬。当你有愤怒无法发泄时，你会放心地发泄在他身上而不用害怕他会生气；当你有委屈得不到安慰时，你会放心地在他面前哭成泪人；当你做了一盘烧糊的牛排后，他会一面说着“真难吃”，一面全部吃下去；当你老得牙齿都掉光，他还会伸出颤巍巍的手指，点着你布满皱纹的额头，叫声“傻丫头”。

② 共情

当你快乐时，他也会快乐；当你失望时，他也会难过；他最不愿意看你哭泣的样子，因为那样叫他那么心疼；他最喜欢看你欢笑的样子，然后把你高高地举起，向世界宣布，你是他永远的宝贝。

③ 做你的粉丝

他总喜欢听你讲过去的故事，一遍又一遍，总也听不烦。他喜欢听你唱歌，即使有点儿走调也没关系。他喜欢看你写的字，留下“不太好看，但内容真实”的评语。他还喜欢看你的照片，收集你的故事，整理你的笔记，倾听你的声音。他是你最忠实的粉丝，即使偶尔会闹些脾气。

④ 喜欢听你的唠叨

你每天都要说：“慢点吃！对胃不好。”“少抽点烟，对身体不好。”“啊！你又乱扔东西，我刚刚才收拾完。”或者，“说了多少遍了，你怎么又……”他每天都要嫌你唠叨，要和你拌几句嘴。但第二天依然做出同样的事情让你继续唠叨。他并不讨厌你的唠叨，不然他早就改正了。他就是因为喜欢听你唠叨才会永远也不改。

⑤ 喜欢照顾你

你生病时他会比你还紧张，你打针时他会比你还痛苦。你想喝水他给你倒水，即使倒来的不是很烫就是很凉，永远也不会正合适；你想吃饭的时候他会帮你做饭或买饭，即使他永远也弄不对你想要的口味。他也许不够细心，不够耐心，因为他也是人而不是神，但他真地很想照顾你，即使经常做得笨手笨脚，常常让你啼笑皆非。

⑥ 永远信任你

永远相信你的人品，永远不敢相信你的能力；永远相信你的谎言，永远不会相信你的气话；永远相信你有足够的能力气死他，永远不相信你会真的气死他。

⑦ 分享

他会很愿意跟你分享自己的一切，包括过去的经历、每一天的经历、将来的理想以及现在正为理想所做的事情。不过男人只喜欢分享他值得骄傲的部分，他不愿意自己失败的模样被你知晓。

⑧ 忍耐

当你无缘无故发脾气时，他会静静地忍耐；当你因生病而抽搐的时候，他会把胳膊送到你嘴边让你咬；当你任性淘气的时候，他会微笑着忍耐；但当你不自尊、不自爱、不顾惜自己时，他不会忍耐。

⑨ 爱是源源不断的感动

看了上面那段话，也许你会说这么好的人哪有啊。我家那位和我天天吵架，哪里还有忍耐？虽然我们都是彼此的最爱，不用说也知道。

为什么你们天天吵架不曾忍耐也会是对方的最爱？因为你们互相都包容了对方。上面这些并不足以描述爱的全部，但全做到也不容易，只要做到其中的几点他也已经是很爱很爱你的。

能全部做到的，只有我们的父母。世界上最爱我们的人，其实是我们的父母。

十　婚礼进行曲

1．他有结婚恐惧症

他跟你求婚了？你们要结婚了？哦，是吗！恭喜你，你真幸福。

什么！他跑了？别伤心，他不是不爱你。他只是有结婚恐惧症。

据调查，高达80%的人群都或多或少有结婚恐惧症。有的可能只是在快要结婚的时候脾气急躁一点，发发脾气吵吵架；而极少部分人比较过激，会临阵脱逃。

阿沁的新郎跑了，就在结婚前一个月。那天两人因为一件极小的事情吵了一架，各自回家，谁也没理谁。那时婚期已经定下，于是阿沁在家一心一意地准备结婚的事宜，就算吵了架也不能把准备的事情落下，阿沁一样一样都细细准备好，心里洋溢着幸福的感觉。可是第二天下午，阿沁突然收到男友长利发来的短信："我们分手吧。"

分手？就为了吵了一架就分手了？还是在准备结婚前的一个月？阿沁无论如何也想不通，急忙打车去见长利，结果得知他出差了。再打长利的电话，说不了两句就又吵上，什么正事都没说就又挂了。阿沁心里急得跟什么一样，可面上一点也不敢表现出来，看着妈妈高高兴兴地准备她结婚用的东西，自己啥也不能说，啥也不能做。那痛苦啊，别提了。

阿沁痛苦的时候，长利也在痛苦。长利的母亲一辈子就做了两件事。一是宠长利，二是唠叨长利爹的不是。

在长利看来，母亲这一生就是在苦水里泡过来的。她从小是老大，要拉扯下面的弟弟妹妹，从来没有享受过一天做女儿的娇宠。嫁人后和父亲感情不和，三天大吵两天小吵，从来没有舒心过，但再怎么苦只要一看到长利她就开心了。如果不是因为有长利，父母是肯定要离婚的，长利从小就明白。

另外，长利的母亲从长利小学五年级的时候，就开始给他准备结婚用品。十几岁的长利是看着这些结婚用品长大的，他从小就知道自己是要结婚的，但结婚的对象是谁？

父母不幸的婚姻，从小到大一直被灌输的“一定要早点结婚生个胖孙子给母亲抱”的信念，导致在长利心里，不知不觉就把婚姻当成了一个随时可能把人的幸福吞噬的黑洞。真的要结婚吗？长利不止一次地问自己。当婚期越来越近他也越来越矛盾，对阿沁的爱和对婚姻生活的恐惧交织在一起，谁也打不赢谁，终于冲动之下做出了分手的决定。

长利的问题阿沁多少能猜到一点，想到两人两年多的感情只因为一次极小的争吵和长利的胡思乱想而结束，阿沁怎么也不甘心，于是又发起了第二波求婚攻势。

阿沁主动进攻，长利被动防守，一进一退斗了半个多月，长利终于咬紧牙关狠下心肠对自己道：“结就结吧，我一个男的还怕结婚吗？”

两人立刻去领了结婚证。证拿到手的时候，长利突然觉得阿沁变了，人变漂亮了，所有的缺点都不是缺点了。后来长利笑着对阿沁说："没结婚的时候我怕得要死，这结了婚也没什么不一样嘛。哦，不对，是不一样了，你现在是我老婆了！"

对结婚恐惧症患者来说，最恐惧的不一定是结婚对象自己爱不爱，而是结了婚以后会不会遇到婆媳问题、家务问题、财产问题、小三问题、养孩子问题、孩子教育问题，等等。很多人对婚姻的疑问和恐惧都是来自于父母亲人的感情问题，或者一些被媒体放大的婚姻问题。

他们大多是担心自己会重蹈别人的覆辙，对婚姻对自己没有信心。确实，大多数人一生也只结一次婚，再婚的人也大多是在上次婚姻中受过伤害的人，这种事情确实不能像做业务一样熟能生巧。所以这只是一个人对陌生事情所持有的普遍的恐惧感。只要正视自己问题的根源，就能找到走出怪圈的捷径。

2．不能裸奔怎能裸婚

2008年，随着各种"裸文化"的兴起，也伴随着房价的高涨，一个新的名词诞生了——"裸婚"。裸婚的意思是指不买房、不买车、不办婚礼，甚至没有婚戒，直接领证结婚。裸婚的意义被某些媒体称为：强调婚姻的"自由"和"独立"。

信息大爆炸的时代最容易让人迷醉的也就是信息本身。许多姑娘们以为"裸婚"是种时尚，她们相信没有金钱交易的爱情才是纯洁的真爱，她们也会疑惑传统的婚嫁风俗究竟是结婚还是买卖人口？

比姑娘们更信奉“裸婚”的则是男人，听到“裸婚”如打了兴奋剂般四处传扬的也是男人。并不富有的男人们相信“裸婚”能让自己省去一笔开支，也乐于不再需要付出多少婚礼成本而娶到一个女人，同时，抛弃这个女人的成本也变得低廉。他们鼓励这种风气，因为对于他们来说这是很有利的。

也许你还是很不解，现在不妨一起去翻翻婚礼的历史。

据传婚礼的形式最早制定于周朝，分为六礼。六礼中与金钱直接挂钩的就是聘礼和嫁妆。有意思的是，无论是聘礼还是嫁妆，最后都是属于出嫁的女儿的。当然，历史上有部分时期聘礼由父母收受。但更多的时候，聘礼其实是返给了女儿作为购入嫁妆之资。这首先是对女人的一种尊重和保障。

也许大家不相信在古时候还有尊重女人这回事。我们不要因为明清裹小脚就以为古时候所有的女人都是裹小脚的，事实上在古时候，对女人的权利规定还是有很多开明的时期。比如宋朝时嫁女儿，如果嫁妆不比聘礼更多更贵重，女儿是嫁不出去的；同时这些嫁妆是属于女人自己的，无论是在婚内或者被休或者和离，这嫁妆任何人都不能染指，只能传给这个女人的亲生孩子。又比如，唐宋时曾有律法明确规定男子若以妾为妻或者宠妾灭妻是要坐牢的。再比如，古时候的女子虽然有“在家从父，出嫁从夫，夫亡从子”的说法，但也有“初嫁从父，再嫁从己”的制度。

因此，虽然古时候女子的地位不如男子，但是在出嫁这件事情上，聘礼其实是为了保护女人的家庭地位而生。没有经济来源的女子在婚内要完全依附于男人。而如果她自己有个小金库，女人的腰板就能直起来一些。可见从古时，人们就注重女子经济地位的独立。

到此，我们说了许多关于古代婚礼中聘礼的意义。那么现如今还需要不需要这种意义呢？

首先，“裸婚”并不是最近才有的，早在20世纪五六十年代就狠狠地流行了一把，那时受“破四旧”的影响，人们像现在一样流行结婚时不请客、不办酒、不要聘礼、不出嫁妆，只拿一个结婚证就可以。那结果如何呢？

结果是2000年后，每年影楼都会迎来众多来拍金婚银婚纪念照的老人，老人们往往都会感叹地说：“年轻的时候没有条件，老了来弥补一下年轻时的缺憾。”

是的，这是一种缺憾，特别是对于爱惜容貌的女人来说，这是一种无法弥补的缺憾。席慕容在一首诗中写道：“如何让我遇见你，在我最美的时候。”女人的青春只有那短短的十多年，在自己最美的时候嫁给自己最爱的人，那是多么幸福的一件事情！可是这样幸福的、值得纪念的事情没有任何东西可以拿来回忆，能不辛酸？能不惘然？

可能你现在觉得结婚的礼仪太烦琐太复杂，好累好麻烦。那么过来人的我告诉你，在结婚那天你再累再麻烦，每一刻的时光都会化成后来一辈子的追忆。因为，那一天是你人生中最快乐的一天，那一天是你人生中最有意义的一天。因为这一天是一生中唯一的一次，也是最美的一次，更是祝福听得最多的一次，因此每一刻每一秒都流淌着幸福，每一个善意的眼神、祝福的话语都会在日后回荡在你的身边。这使你相信你们的爱情是得到上天的祝福的，当你们日后面对困难时更能坚强应对。

如果不办婚礼，那回忆是什么？没有祝福，没有热闹，冷冷清清凄凄惨惨戚戚，难道只回忆那个人傻瓜一样的笑容吗？这种笑容从第一次牵你的手开始就有，怎能作为一生仅有一次的回忆？

更何况男人鼓励女人们“裸婚”本身也很可能会有不可告人的目的。有些男人自身条件不太好，找不到理想中的完美爱人，于是和自己不是很喜欢的女人将就着结婚，这时男人会心疼自己花出去的每一笔钱，因为他们认为这不是自己真心喜欢的人，为她花钱太不值得了。如果他们以后再遇到真爱，要离婚的话，就太吃亏了。于是鼓励“裸婚”成了他们必做的功课。

现在你明白了吗？鉴于如今的高房价，有车有房地结婚确实有困难，那么，可以先没有房没有车，但绝不能没有婚礼。好女孩就是应该被好男人宠爱的。而好男人绝不会允许自己的妻子在“婚礼”这样重要的人生时刻受半点委屈。这也不是鼓励姑娘们在结婚的时候狮子大开口。还是应该有多大能力就办多大的婚礼，毕竟量入为出是做一个好妻子的第一课。

你的新时代正在开启，从此要走上真正独立的人生，姑娘们，勇敢面对吧！

3. 见家长注意事项(男生篇)

终于要结婚了，终于要见家长了。不管你高矮胖瘦，不论你英俊还是普通，你都难免会对自己有些许的不自信。担心啊，害怕啊，这都是正常的。因为你爱你的她，因为爱，你才会害怕她的父母不能接受你。但是紧张并不能帮助你成功地获得准岳父岳母的厚爱，参看以下几点注意事项，帮助你事半功倍。

① 整理形象。男人通常都不太在意自己的形象，邋遢往往是臭男人的代名词。见准岳父岳母时千万不要觉得反正以后要熟悉的，就对自己的形象不在意，用所谓最真的自己去博得对方的欣赏。相信我，没有父母会把自己视若珍宝的女儿嫁给一个第一次见面的邋遢鬼。

② 备好礼物。形象是敲门砖，礼物是问路石。一个良好的形象会让对方从第一眼开始欣赏你，而一份合适的礼物则能让对方接受你。选择礼物是门学问，首先当然是要咨询女友，女友是最了解自己父母的。但也有些女孩子被宠坏了，并不关心自己父母喜欢什么。那么不妨先看对方的经济情况，经济情况一般的，就送实用又贵重的；经济情况很好的就送文雅的，不必送非常贵重的。再看对方职业，教师可以送文化用品；工人可以送烟酒；生意人可以送盆景，等等。快开动你聪明的脑袋吧，按照这个思路，你能想到的一定比这丰富得多。

③ 登堂入室求娶人家的女儿，最重要的就是态度要诚恳。就算你一肚子弯弯肠子，到了这时都老实收起来吧。岳父岳母看女婿一讨厌长得太帅的，二讨厌太能说的，三讨厌眼神不定的，四讨厌木讷不言的，五讨厌畏首畏尾的。综上所述，你可能发现几乎所有类型都被推翻了。是的，女儿终于要离开自己的羽翼，要长大成人了，一般的父母心中都会有所挣扎，他们不太喜欢带走女儿的男人，但理智上又明白这是人生必经的道路。这时你只要

表现得诚恳、老实，就一切OK。

④ 勤快。第一次上门，你们还不太熟悉，不必过于勤快。但第二次第三次就要勤快了。有什么需要你出马的，二话不说立刻做。婚前这个一定要做到了，这是获得准岳父岳母喜欢的必经途径。

⑤ 笑和不笑的学问。有人会问了，去见岳父岳母当然要笑了，哪还敢不笑啊。这你就错了。笑和不笑都是得到别人好感的工具，只要你运用得当。当你面对准岳母的时候，你就一定要笑，要笑得阳光笑得灿烂，最好笑得眼睛都看不见缝，母亲就希望女儿嫁给脾气好的男人。而当你面对准岳父时，就不能嬉皮笑脸了，一定要诚恳，要做到即使一块木头坐在你面前也能被你的诚恳感动，父亲就希望女儿嫁给一个可靠的男人。当然，这个可靠的定义是以他自己为标准的。

由此你可以看出来，父母在对待女儿的结婚对象时，是会有不同的要求的。你可千万别觉得变脸麻烦，第一关做好了，以后行事会方便很多。如果第一关做不好，任何风吹草动准岳父岳母们都会不由地流露出担心，他们的女儿怎么可能不受到影响呢？

4．见家长注意事项(女生篇)

女生见家长叫做“丑媳妇见公婆”，即使你对容貌再不自信也是要见未来公公婆婆的。女生见家长的注意事项头几条和男生差不多。

① 整理形象。一般女生都比较注意形象，不过难免也有极个

别的人不太注意，第一印象很重要，大家不要忘记了。女生形象不需要多美，也不一定需要化妆。如果化妆能让你显得更精神，就可以化。如果你习惯化浓妆……还是把脸洗干净了给人家看吧。女孩子的形象一定要干净。

② 备好礼物。精心准备的礼物要既实用又好看。具体要求可以参照男生篇。

③ 男生见家长要表现得诚恳，而女生见家长则要表现得温柔。父母都希望儿子婚后过上幸福的生活，谁也不想自己儿子成为妻管严，不论他们自己家是不是。所以温柔是制胜法宝，但如果你确实做不来的话也不需要做，表现最真的自己就好了。

④ 很多人一说起女生见家长就说，你要表现得勤快一点呀！其实我认为这不一定是个好方法。人与人相处都有一个慢慢适应的过程。谁也不会第一眼就把一个人看透。男生第一次见家长表现勤快能给自己加分，女生同样也能加分。但不同的是，男生结婚后不勤快了，别人也不会说什么。因为传统文化习惯认为男人是在外拼搏的，家务什么的是女人的职责范围。男人之后若变懒了容易得到家长的原谅。可是女人如果本来就不勤快，见家长时表现得特别勤快，到后来又变懒，一般的家长很难轻易原谅这种“欺骗”行为。这里又要谈到一个心理期待的问题。女生第一次表现得勤快，家长就会把这种勤快期待为你的惯常行为，认为你会一直这么勤快下去。当你不再勤快的时候就会很失落，从而不满。所以，我建议不勤快的女生不用表现得太勤快，意思一下就可以。而勤快的女生也不用表现得过分勤快，一定要把自己当成客人。

⑤ 女生对公公婆婆也需要区别对待。首先嘴要甜，其次特别是对婆婆熟悉后，可以表现得亲密一些。因为只要女生上面的条件都过关，公公一般不会对儿媳妇有什么意见，基本可以忽略，但婆婆不一样。婆媳自古都是冤家，婆媳关系也是婚姻关系中最重要的一环。虽然一个好的开始不一定能有一个好的结局，但至少你今后的路要好走许多。

⑥ 不论是第一次见面还是结婚后已经很熟悉了，你都要记得，你要始终保持和婆婆立场一致，当然是在与自己无关的事情上。与自己无关的事情上你保持立场一致，当你与婆婆有分歧的时候，婆婆会念着你的好，沟通也容易些。如果你们总是立场不一致，甚至还为此拌过嘴，婆婆难免会认为你是故意和她唱反调。这不利于家庭团结，也不利于沟通。

最后，男生第一次见家长可以稍微讨好一下准岳父岳母家，但女生不行，女生得矜持一些。这才不会让人误以为你嫁不出去了，急着要嫁人。有自尊的女人更容易受到别人的尊重。

当然，把自己当成公主一般让公婆也宠爱你也不可取，事实上，不卑不亢是个好品德。

5. 婚姻是两个家族的事情

21世纪的感情问题中常听到两种声音，一是我究竟是嫁给你还是嫁给你的父母？二是婚姻是两个家族的事情。

当新人走到婚姻这一步时，双方已经确定对方是自己要陪伴一生的伴侣，而结婚也就成为你们顺其自然的选择。但结婚与谈恋爱不一样，这并不只是你们两个人的事。谈恋爱是享受权利，而没有义务；结婚则是权利和义务的结合。这义务，就是维系家族之间的亲情纽带。

结了婚，男朋友的母亲成为你的婆婆，父亲成为你的公公，而你成为他们的儿媳妇，男朋友也成了你自己父母的女婿。关系虽然不复杂，但也绝不简单。

羽芬嫁给致成后一直住在北京，除了结婚时，羽芬已经三年没有见过公婆了。不是致成不想爸妈，而是羽芬无法接受公婆。

事情的起因是结婚时的一个插曲。

致成出身农村，从小成绩不错，但家庭经济条件比较困难。考上大学的时候几乎是举全村之力才上的学，当时父母跟村里所有的人都借过钱，弟弟也因为致成的原因小小年纪辍了学。因此致成对父母和弟弟一直都有一种愧疚感，总希望通过自己的努力帮助父母弟弟过上更好生活，以证明他们当初的苦没有白吃。

致成确实是很努力的人，从农村考上北京大学，毕业后留在北京奋斗，然后一步一步地终于爬到了如今的位置。他每个月的收入只留下很少的一部分保证日常花销，大部分都寄回老家。矛盾就在这笔钱身上。

羽芬是北京人，当初爱上致成时，家人极力反对说致成与自家家庭条件相差太多，文化理念也不同，两人在一起很难长久。而羽芬则认为是父母势利眼看不起外地人，于是坚持和致成在一起。两人一起抗争了两年，羽芬的父母终于无可奈何地接受了致成。

结婚办酒需要一笔钱，按中国传统观念，这笔钱应该全由男方出，若男方确实有困难，就男方女方平均分摊，极少有女方出的道理。婚礼排上了日程，羽芬兴冲冲地计算着小金库里有多少钱，能买多大的房子，能办多大的席面，婚礼当天需要花费多少钱，聘礼多少钱。按她的计算，致成从认识她到现在平均每年寄回去十来万，加上之前的，少说也有五十来万，去掉还款，应该还有四十来万。以当时的市价，她的父母再补贴一点，能在一个不错的地段买一套一百二十平方米的房子。

就这样，怀揣着幸福新生活的美梦，羽芬走入了选房大军。半个月后羽芬终于选定了房子，朝致成伸手要钱，买了房子装修后就可以准备结婚了。可没想到致成传回来的消息让羽芬大吃一惊，致成这些年的存款竟然只有十五万。

羽芬不干了，说："我眼睁睁看你汇回去的钱就至少三十万，你们家把钱当饭吃吗？两年就花了一半？"

致成对这事也有疑虑，但父母弟弟都为送自己上学吃过苦受过累，再有什么不是也不允许羽芬对家人有什么不敬。羽芬如此说话正好触了致成的逆鳞，致成暴跳如雷，与羽芬发生了相识以来的第一次激烈争吵。后来两人虽然和好了，但致成的父母成了两人心中的一枚定时炸弹，谁也不敢轻易去碰，只要一碰就会炸。

那年年底，两人还是在羽芬父母的帮助下买了房结了婚，当羽芬在北京结完婚到致成老家办酒时才清楚了内情。原来致成的弟弟当年在小工厂打工时受过伤，有些轻微的残疾。致成父母考虑弟弟为哥哥付出良多，理应分得哥哥的财产。因此在前几年弟弟结婚时，把致成挣下的家业都转给了弟弟。

而让羽芬受不了的是，弟弟为了娶回喜欢的姑娘，给了对方家十万彩礼钱；而自己这方面因为要买房的原因，和致成商量彩礼意思一下算了，所以只收了一万。作为城里姑娘的天然的优越感被击得粉碎，无论致成怎么道歉，羽芬怎么自我安慰，她都有一种抹不去的耻辱感。

这还不算，致成的父母甚至在致成婚礼结束即将离开老家的最后一天提出，要致成每个月把工资的一半寄回来给弟弟。理由是弟弟为致成付出太多了。

听到这话后，强忍着愤怒和耻辱的羽芬爆发了，没有多少文化的公婆自然说不过伶牙俐齿的羽芬，但这不代表致成说不过她。特别是第一次争吵并没有解决的问题还压在致成的心头，羽芬的爆发也成了致成爆发的导火索，两人吵得更凶甚至差点儿动手。最后还是公婆将两人劝开的。第二天临走时，公婆一路唉声叹气，但从此再未提过工资的事情。致成心中如何能好受？

致成就是现在网络上流传的那种“凤凰男”，肩负着一个家庭甚至一个家族复兴的期望。家族曾经给予他们上升的力量，当他们终于成为家族里混得最好的人时，家族复兴的重任也落到了他们肩上。这具体会表现为要求他们无偿地替自己的哥哥、妹妹、表哥、表弟甚至五代以外的亲戚找好工作，家族里谁家有个什么事、什么难，他们都得冲在前头为人排忧解难，否则就是上对不起天，下对不起地，中间对不起养育他们，将他们培养出来的父母长辈。

沉重的道德重担沉沉地压在他们的肩头，压得他们直不起腰来，但无论如何也不可能摆脱。当爱他们的女人加入进来时，会大吃一惊，她们无论如何也无法想象这种传统的道德观念是如何地强大到让自己的老公一点怨言也不会有。她们没有做好这样的准备，因此也无法接受这样的结果，家族的矛盾就此产生。于是，要么妻子们宽容以待，要么男人们强硬地跟家族划清游戏界线，不再允许越线的事情发生。但往往男人讲面子，情愿自己小家吃点苦，也绝不让人以为自己没本事。

面对这样的男人你还有什么办法呢？一方面是生他养他，为他付出良多，现在需要报恩的父母亲人；另一方面是自己想要过的轻松愉快的婚姻生活。

所以，即使你明白你嫁的人是眼前这个男人，而不是他的父母。但你也需明白，嫁给了他，就要和他一起担负这个家族的重任。无论如何，既然这是你的选择，你就无法逃避责任。

6．麻辣婆媳（Ⅰ）

婆媳关系近年来也是网络的热点，各大论坛几乎都有婆媳版块。大部分贴子都是媳妇抱怨婆婆，同时也有麻辣婆婆上网教育媳妇的主贴。

社会的变革改变了百姓的生活，中国由古老的家族聚居转化为以三五口人为主要成员的小家庭单位。新媳妇和婆婆以前没有在同样的环境下生活过，有碰撞几乎是不可避免的。

就我所了解的规律来看，婆媳矛盾的根源大致有以下几点。

① 关于丈夫

在没有媳妇加入之前，儿子是婆婆生活的全部重心，几乎超过了自己的丈夫。她用全部的爱去爱自己的儿子，当儿子突然找到了自己的另一半时，婆婆一时难以从无微不至的母亲角色中转换出来，总是试图干涉儿子与媳妇的生活，试图让他们的生活回到从前的生活模式里去。

对于这类婆婆，有些媳妇总是试图将她们描绘成有恋儿癖的古怪女人，试图把婆婆当成小三那样赶出自己的婚姻生活。我要说，这样的媳妇是最无知也无可救药的。这样的媳妇的婚姻生活几乎都不可能幸福。

你要问了，这是为什么呢？先不说中华传统美德，尊老爱幼，我只问你，如果你结婚了，丈夫要求你从此就要与自己的母亲断绝关系再不来往，你会如何想？

老吾老以及人之老。如果你无法割舍自己的母亲，也无法摆脱自己母亲对自己的影响，那么你如何要求丈夫做到你做不到的事情呢？且不论生恩养恩，单单是几十年的生活习惯就没法改变呀。

曾经我还看到有女孩子理直气壮地说："他们又没养过我，凭什么我要孝敬他们？"

我就反问她："你父母也没有养过你老公，你老公是否也可以不孝敬你父母呢？"

对于这样的婆婆，首先媳妇要改变自己的观念，不能用看小三的眼光去看婆婆。其次要理解丈夫，因为对于丈夫来说，婆婆是他一生中最重要的女人，可能比你还要重要，你需要接受这个无法抹去的事实。最后，如果婆婆的行为确实无法忍耐，你需要委婉地让丈夫也明白这一点，然后他才可能与你站在同一战线上。所谓攘外必先安内，如果丈夫与你是一条心的，其他的还有什么可怕的呢?

②关于金钱

老一辈人生活的年代普遍过得很苦，吃饭都成问题，其他的消费完全是种奢侈。改革开放以后生活条件变好了，但行为习惯已经固定了下来。当勤劳节俭的婆婆看到蜜罐子里泡大的独生女媳妇大把大把地花钱，月月成为月光族，每天打扮得花枝招展，时不时要和儿子去自己一辈子都舍不得去的地方浪漫旅行，婆婆的心里得怎样的滴血啊?

她们往往也不是故意要训斥责骂媳妇，但她就是管不住自己的嘴，总是絮絮叨叨地说着过去多么困难，现在多么浪费。小公主出身的媳妇们听着怎么可能不厌烦。

对于这样的婆婆，理解她和约束自己是最好的方法。理解她们当年的不易，同时约束自己过度的消费。毕竟你现在是要操持一大家子生活的女主人，而不是从前什么也不用管的小公主。让家庭富足生活才会幸福美满啊!

7．麻辣婆媳（Ⅱ）

③关于孩子

由于新老观念的冲突碰撞，新媳妇从十月怀胎初期就要开始与婆婆争抢地盘。

要捍卫自己的领地权，婆婆不能管自己家的事情管太多了。

要捍卫自己的知识权，婆婆说得不对的坚决不能执行。

要捍卫自己的吃饭权，婆婆要求吃的对小孩子有利的东西实际并不营养，坚决不能吃。

要捍卫自己的卫生权，婆婆说坐月子不能吹风不能洗澡，但现代科学说可以洗澡，甚至应该勤洗澡。

要捍卫孩子的抚养权，婆婆太喜欢孩子，天天抱着不撒手，要夺回来。

要捍卫孩子的教育权，婆婆对孩子太溺爱，不利于孩子健康成长，因此要隔离婆婆，不让她与孩子接触太多。

我见过一对婆媳，婆婆笃信中医，而媳妇只信西医，两人经常为了孩子上哪个医院争吵不休。

这样的婆婆一般都在家庭中有一定的地位，过去几十年中，她是这个家庭中当之无愧的女王，她习惯了支配，习惯了别人听从她的命令。如果媳妇听话，没有问题；但如果媳妇也是这样性格的人，那矛盾自然就来了。不过很不幸，这样家庭出生的男人往往会照着母亲的模板选一个相似度非常之高的女人做妻子，矛盾就不可避免了。

所以这样的婆婆还是尽量和媳妇分开住吧。

④ 婆婆和母亲的比较

虽然很可笑，但新媳妇们总是乐此不疲地提出自己母亲的优点，指责婆婆的缺点。自己的母亲和丈夫的母亲能一样吗？同时其中还有相当大一部分媳妇是抱着她又没养过我，凭什么我要孝顺她的想法在生活的。我们不妨来看看媳妇们的理由：

婆婆不管家里的事情，相比较我妈什么都为我想到了。

婆婆从来不过问我怀孕的事，而妈妈从怀孕开始就搬过来照顾我。

婆婆都不帮我做饭，我妈既要照顾我还要照顾婆婆的儿子。

婆婆居然不照顾月子，光照顾小姑，不管我。

婆婆居然说不照顾孩子，我生的究竟是谁家的孩子啊？

婆婆居然不喜欢孩子，相反我妈天天抱着孩子不撒手。

看到了吧，这里所列出来的都与前文中的婆婆“恶习”正好相反，婆婆真是躺着也中枪的典范。管你家的事吧，你嫌管得宽；不管吧，你觉得没把你当回事。

有些小公主型的媳妇们一方面觉得婆婆没养过自己，不需要自己尊重或者孝顺，只要关系过得去就可以了。但另一方面她们又会指责婆婆做的饭菜没有妈妈做的好吃，婆婆洗的衣服没有妈妈洗的干净，甚至婆婆给自己儿子过生日却从来没主动给自己过过生日。

自己的母亲无条件地爱自己都不够还要强迫别人的母亲无条件地爱自己，然后自己还一点都不想付出。这是什么强盗逻辑啊？

如果你有这种观点，为了幸福地生活下去，还是请早点把它扔到爪哇国吧，否则你就只有悲剧的后半生等着你。

话说回来了，那有没有婆婆真的蛮不讲理让媳妇痛苦不堪的呢？怎么分辨出来？不小心遇上了怎么办？

事实上看婆婆与看面相是一个道理。首先看嘴。如果一个人常年心情不好，她的嘴角会向下垂得很明显；如果总是保持心情愉快，就不会下垂得很厉害。总是心情不好的人大多控制欲强或心胸狭窄，因为心胸狭窄所以什么事都往心里放，不开心的事会反复想；而控制欲强的人往往也因为控制不力而心情不爽。

然后看颧骨。古时候说颧骨高的女人克夫。其实并不是真的会克死丈夫，而是颧骨高的人往往控制欲强。如果男人控制欲强，这是他工作能力强的表现；但女人控制欲强就会在家庭中压制丈夫，这就是克夫的意思。因此有一个颧骨特别高的婆婆不会是件很愉快的事情。

最后看行为。从行为中分析她是什么样的人，会不会很难相处。

最后的最后，之所以讨论这许多关于婆婆的问题，并不是引导姑娘们与自己的婆婆大战三百回合。毕竟是因为有她才有了你爱的那个人，否则你现在还不知要找个什么样的歪瓜裂枣呢！同时孝敬自己的婆婆也是给孩子的榜样，将来当你们老去，你们的孩子也会在你的影响下孝敬你，这才是幸福的人生。

8. 自己的聘礼自己做主

双方父母见了面，你们也订了婚，接下来该筹备结婚了。中国传统的婚姻有六步，称之为“六礼”，虽然现在对“六礼”已经没有从前那么慎重，但必要的步骤实际上一步也没有少。那么，这“六礼”都是哪六礼呢？

“六礼”分为纳采、问名、纳吉、纳征、请期、亲迎。

纳采是男方到女方家求亲，经同意后开始准备结婚事宜；问名是问得女方姓名、八字后与男方合八字；纳吉是男方合八字得吉兆后通知女方决定缔结婚姻；纳征就是现在唯一还完整保留的项目——下聘礼；请期是男方择定婚期通知女方；亲迎就是成亲当天男方到女方家将新娘迎回家，举行仪式。这一节要讲的就是纳征即下聘礼这个环节。

在下聘礼这个环节出问题的事例很多很多，我有个朋友G就是如此。

G与女朋友W相识于同乡会，同样在异乡打拼的两人互相温暖着，最终决定组成正式的家庭。两人回乡结婚的心情都是相同的，溢满了无限的甜蜜与对幸福的憧憬，而这最终被女友的父母完全打破。

事情的起因是W的父母提出要十万聘礼。在回乡之前，W曾说父母对聘礼的要求不高，一两万意思意思就可以，可是回乡后老人家突然变卦，非要十万聘礼不可。

这几年G一直与女朋友住在一起，G有多少钱，作为家中财政部长的W一清二楚。除去准备给新买的房子装修的钱，G根本拿不出十万来做聘礼。更何况G问了身边的亲戚朋友，都说在本地结婚并不需要这么多聘礼。

G其实如果借一借，还是能凑齐十万的。但是，G却想不通，为什么开始只要一两万，后面又反悔？为什么人家都只是要一点意思意思就可以，你们家凭什么要这么多？你们究竟是嫁女儿还是卖女儿？

这件事W也很委屈，本来在电话里跟父母商量时父母很开心地说，只要你幸福就好，聘礼无所谓。可是一回家就变了，非坚持要十万不可。W说男友刚买了房，还没装修，没有十万呀。

W的母亲心疼地摸着女儿的头道："女儿呀！我们可是过来人。没有像样的聘礼，你嫁过去可是要受苦的。他没有，他还有父母呢！"

W的父亲又说："聘礼不过是做个样子而已，你结婚那天我们还要压箱底的，到时候我们的箱底钱、他们家的聘礼钱都是给你们的。你是我们唯一的女儿，我们老人家就指着你们自己过得好就好了，哪还能贪你这点小便宜？"

如此W心里也同意了，还是父母对自己最好。可问题是G和G的父母并不知他们是这样想的。

双方家里都只有这么一个孩子，从来没有操办过婚事，聘礼这种事也不可能由政府来明码标价，当父母的只能听取身边亲戚朋友的建议。糟糕的是，就算是在同一个地区，聘礼的标准也不会统一，由于信息渠道的不通，W的父母和G的父母在这件事上产生了严重的分歧。

这件事后来还是由W和G自己协商解决的。

现代中国人已经不像古人那样重视婚礼的过程，而是更重视婚姻的质量。至于婚礼，那只是通知亲朋好友自己已经结婚的一种形式，一切只要结婚当天面子上过得去就可以了；至于里子……哼哼，结了婚后再慢慢算账也不晚呀，当然是要算爱情的账。

9．绝对不可先孕再婚

即使你的思想已经开放到未婚同居、未婚先孕、先孕后婚，都是个人的自由选择。但是，需要重视的是，先孕再婚绝不可

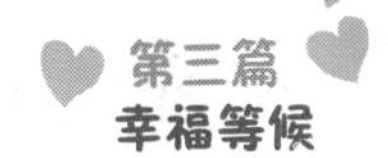

取，这是一件极其愚蠢的事情。

怡佳最近觉得身体怪怪的，“大姨妈”已经有一个多月没有来了。她请了假上医院检查后得知：自己居然怀孕了！

怡佳并没有做好怀孕生子的准备，但既然小生命已经来到，当然也不能轻易放弃。她开开心心地告诉了男友亚奇这个好消息。与她的预想不一样的是，亚奇知道消息后并没表现出多么巨大的欣喜，虽然他一直强调想要个孩子。

怡佳安慰自己说这只是因为他不会表达而已，其实他是很喜欢孩子的。

按理来说，知道怀孕那一刻起就需要把结婚的事情提上日程，可事情过去一个星期，亚奇对这事一点表示也没有，怡佳不免心里有点没底。找了一个他看起来心情不错的日子，怡佳小心地跟亚奇提起了结婚。

亚奇听后沉默了一会儿，道：“你先回家安心养胎，这事我会安排的。”

怡佳向来习惯了听从亚奇的安排，包括她的穿衣打扮、来往的朋友、工作，也包括结婚。亚奇说会安排，那自然就会安排得妥妥当当的。于是她开开心心地辞了工作回老家养胎。

怡佳能安心地相信亚奇，怡佳的父母可不会。看到女儿回来，还怀着小外孙，老两口别提多高兴了。但一问到结婚日期，怡佳就支支吾吾的样子，他们一点都笑不出来。

妈妈痛心疾首地道：“你这个傻丫头，怎么还没准备结婚就怀孩子了？”

怡佳不高兴地说：“要结婚的，亚奇答应了我的。”

“答应你？答应你在哪天结婚？什么时候来议婚？”爸爸恨铁不成钢地骂道。

怡佳心里也有几分不确定，但嘴上还是强硬道：“他还要和家里商量呢，哪有这么快？”

凭着这句话，一家人又等了两个星期。大人可以等，小孩子可不能等。此时已经怀孕一个多月的怡佳开始有了孕妇该有的反应，连身边的朋友都瞒不住了，亚奇家那边还是一丝音信也无。

这天怡佳给亚奇打电话，又谈到结婚的问题。亚奇说自己正在做一个很重要的工程，要赶进度，没有时间结婚，让怡佳再等三个月。这对整天生活在父母唠叨中的怡佳无疑是一个惊天霹雳，这可怎么向父母交代呀！

挂了电话，怡佳期期艾艾地跟父母交代了电话的始末，父亲暴跳如雷，而母亲立刻想到了问题的关键：“他们家是不是想要等你怀了男胎再准备结婚？”

事实证明还是怡佳的母亲有经验，亚奇家里还真就是这么想的。怀孕后四个半月就可以查性别，到时查到若是男胎就结婚，女胎就打掉重新再怀，一直打到怀了男胎再准备结婚。怡佳的母亲可不许自己的女儿这么做，整个成了生育机器，并且女人打胎多了会影响到子宫，有可能将来都生不出孩子。作为一个母亲怎么能允许这样的事情发生在自己的孩子身上？

可是问题是现在怡佳已经怀孕了，如何取舍，父母和怡佳都陷入了两难的境地。

当然，现在很多家庭都已经不那么重男轻女了，这样的话先怀孕再结婚也没关系吧？如果你觉得你的身体棒棒的，即使怀孕也上得了山下得了河，打得了老虎灭得了老鼠，那么，我无话可说。但如果你做不到，我还是要劝劝你，别挺着大肚子办喜酒了，这不仅仅是面子上不好看的问题。

有很多怀孕了才办结婚的，拍婚纱照、挑婚纱、婚礼当天化妆、订酒宴、发请柬、发喜饼、喝喜酒、与婚礼主持人和婚庆公司协调、上门邀请长辈、闹洞房、孕吐，请问你能确定这十多项你都可以完美地坚持下来，并且不会因为产前忧郁症而感觉到烦躁吗？你能确定这样的折腾后，你的宝贝能像你一样顽强地生存下去吗？

许多新妈妈都是在婚礼上把宝宝折腾出问题后，跑去医院打保胎针的。如果真的爱宝宝，请给他一个舒适的生长环境吧！

10. 爱是女人一生的功课

从相知到相爱，再到最后步入婚姻殿堂，漫长的人生最幸福的一幕即将落下帷幕，从此你们携手共看星升月落、世事变迁。到这里，爱的课程就结束了吗？不，爱是一门一生的学问，不仅仅是如何爱爱人的学问，也是如何爱孩子、爱父母、爱世人的学问。在爱中，你不仅给予了别人宽容、忍耐、帮助，也给予了自己再次成长的机会。

人的一生有三次成长的机会。第一次是出生，每个人初生时心灵是未设防的婴孩，他们从父母那里学会怎么做人，怎么处世，也学会怎么爱，怎么恨，怎么与人沟通。有的人比较幸运，遇到了好榜样的父母。但有的人不太幸运，不仅没有从父母那里学会如何爱、如何沟通，相反还学会了错误的发泄方式，往往弄得自己和亲密的人满身是伤。

第二次成长机会是恋爱。爱是伟大的，爱能让两个互不相识的人瞬间迸发出激情来，能容人所不能容，在童年时所受到的伤害都能因这宽容而慢慢弥合。但往往恋爱的双方因为太年轻，忽视了这个成长的契机。

人不是天生就会爱的，爱的技巧都是后天学会的。两个出生于不同家庭，有着不同的习惯、不同的生活模式、不同的消费理念，甚至不同文化信仰的人因为爱而走到一起，这是一件很伟大的事情。但走到一起之后呢？那些生活中因为不同习惯、不同理念而引起的一系列摩擦，小到袜子怎么放，大到如何孝敬父母，每件事都有分歧，这时怎么办？

开始的几个月因为爱的荷尔蒙，我们可以包容，就算吵过后也能迅速忘掉而和好如初。但当激情消退之时，相处考验的就是双方处理矛盾的技巧。

是的，即使是在真爱里，我们也需要技巧。真爱虽然要求对方接受最真的自己，但不表示你就可以任由自己的缺点伤害对方，如果你也爱他，你就绝不会允许这样的事发生。

有些人比较幸运，天生就擅长处理矛盾；有的人虽然不擅长，但遇到的那个人正好合了自己的脾气，因此矛盾也比较小。但有的人运气不太好，不擅长处理矛盾不说，爱的那个人还处处和自己针锋相对，这时怎么办？

好的沟通是不应该把情绪带到争吵里来的。我们要明白我们为什么而吵，是纯粹的发泄，还是为了让对方了解自己的需要。

可是往往很多人都习惯于把争吵当成情绪的发泄。我们常听到男人抱怨妻子莫名其妙地因为一点小事就吵，又是哭又是闹。

理性的男人很难理解女人为什么会为了一件衣服心情不爽一整天，也不能理解女人为什么心情一不爽就要找自己麻烦。理性的男人喜欢就事论事，而感性的女人喜欢依着情绪的起伏而开心或悲伤。

当然，也有男人不理性的时候，会把工作、钱、父母、朋友、领导给予的压力转嫁到家庭中来。他们往往也是没有什么道理，因为一点小事就责备妻子，打骂孩子，而这时如果妻子强硬对待，小事就会升级成家庭战争。

这也是为什么古人会说“清官难断家务事”，家务事里常常缠绕着丈夫与妻子之间的情绪表达，很难去判断谁是谁非。因此，智慧的女人一定不要在自己或对方情绪糟糕的时候去争吵。这时不妨离开“战场”，给双方一个缓冲的时间，等两人都冷静了再坐下来讨论刚才的事情。不要讨论谁对谁错，而应该提出建设性的意见解决问题，以避免再出现同样的争吵。

如果是因为其他原因而将情绪发泄在家里时，也应该自己主动说出情绪不佳的原因。相信我，如果他爱你，他就一定会在你平静叙述的时候理解你、包容你。

这是你的机会，一次成长的机会。因为爱，你不论犯了多大的错都能被宽容。但你不能浪费这宽容，你要用这宽容让自己的情绪管理变得更成熟，你成熟了，你的爱也更深沉甘醇。吵吵闹闹的恋人有时候更容易天长地久，因为他们把吵闹也变成了沟通的一种方式。不经风雨如何见彩虹？天长地久也未必只是场梦。

最后一个成长的契机是生育孩子。从接受爱到付出有所保留的爱，再到付出自己全部毫无保留的爱，这是女孩到女人的蜕变。在这蜕变过程中你会明白《圣经》中的话语："爱是恒久忍耐，又有恩慈；爱是不嫉妒；爱是不自夸，不张狂；不作害羞的事，不求自己的益处，不轻易发怒，不计算人的恶；不喜欢不义，只喜欢真理；凡事包容，凡事相信，凡事盼望，凡事忍耐。爱是永不止息。"

源源不断的爱会抚平你心中的创伤，会宽容你曾犯过的错，会帮助你成熟，会让你以更宽广的胸怀去看待这个世界的一切伤害、刻薄、愤怒与嫉妒。姑娘，勇敢地爱吧！